Harvard Business Review Press

マインドフルネス

ハーバード・ビジネス・レビュー編集部 編
DIAMONDハーバード・ビジネス・レビュー編集部 訳

ダイヤモンド社

Harvard Business Review
Emotional Intelligence
MINDFULNESS

MINDFULNESS

HBR Emotional Intelligence Series

by

Harvard Business Review

マインドフルネス　MINDFULNESS　目次

001
［日本語版に寄せて］
マインドフルネスは時代の要請から生まれた
三宅陽一郎　日本デジタルゲーム学会理事

013
1
マインドフルネスはEIを向上させる
ダニエル・ゴールマン　心理学者
マシュー・リピンコット　著述家

2
マインドフルネスには科学の裏づけがある
クリスティーナ・コングルトン　アクソン・コーチング コンサルタント
ブリッタ・K・ヘルツエル　心理学博士
サラ・W・ラザー　マサチューセッツ総合病院精神科准研究員
021

3
グーグル、ゴールドマン・サックスはなぜマインドフルネスに取り組むのか
ウィリアム・W・ジョージ　ハーバード・ビジネススクール教授
027

4
いまマインドフルネスが注目される理由
エレン・ランガー　ハーバード大学心理学部教授
アリソン・ビアード　『ハーバード・ビジネス・レビュー』（HBR）シニアエディター
035

5
マインドフルネスは四つの確かな成果をもたらす
ダニエル・ゴールマン 心理学者
061

6
会議中でもマインドフルになれる二つの簡単なテクニック
マリア・ゴンザレス アルゴノータ・コンサルティング創設者
069

7
朝起きて、通勤、会議前……すきま時間の活用法
ラスムス・フーガード ポテンシャル・プロジェクト創設者
ジャクリーン・カーター ポテンシャル・プロジェクト パートナー
077

8 休息と瞑想が、集中力を高める 085
ダニエル・ゴールマン 心理学者

9 たった一〇分間の瞑想で、創造性が高まる 091
エマ・ショートストラ リッピンコット コンサルタント
ダーク・ダイヒマン エラスムス大学ロッテルダム・スクール・オブ・ビジネス助教授
エフゲニア・ドルゴバ エラスムス大学ロッテルダム・スクール・オブ・ビジネス リサーチャー

10 マインドフルネスは目標達成のお役立ちツールではない 101
シャーロット・リーバーマン ライター

11
マインドフルネスを職場ぐるみで実践するリスク
デイビッド・ブレンデル　医学博士
111

12
マネジメント手法としてのマインドフルネスの歴史
ジム・ブッチャー　エンテグラ・パートナーズ創設者
119

13
マインドフル・リーダーシップのすすめ
エレン・ランガー　ハーバード大学心理学部教授
127

［日本語版に寄せて］

マインドフルネスは時代の要請から生まれた

日本デジタルゲーム学会理事　三宅陽一郎

「マインドフルネス」とは、自分自身を、もう一度、新しく、力で満たすことです。それは静かな力であり、同時にあらゆる事態に対処する可能性に満ちた力強い力です。これから何事をも成しえる力のポテンシャルを上げることです。人間は本来、自分が価値あると思う目の前の仕事に集中することで力に満ちることができます。人間の幸福の一つは、心と身体のすべてを使って、目の前の仕事に集中することです。

しかし実際には、仕事の内容はますます複雑に、そのスピードは加速度的に速くなり、さまざまに分岐していく細かな仕事に追われることになります。そのため、本来の力は些細な問題の積み重ねに分散され、砂が水を吸うごとくに細かな仕事に吸い取られ続け、集中力が散漫になっていきます。隙間のない忙しさがその衰弱に拍車をかけ、継続的に人間を疲弊させていきます。

　そこから自分自身を立て直そうと思っても、なかなか仕事のなかで取り戻すのは難しいことです。人間が毎日仕事に集中する姿勢を、本来満たされるべき力を取り戻すためには、心身と環境との関係を新しく立て直すことが必要です。そのためには、場と方法が必要となります。それを提示するのが「マインドフルネス」です。マインドフルネスは禅そのものではありませんが、禅の一つとしてとらえることができます。

「マインドフルネス」の状態は、力に満ちた状態であると同時にとても心静かな状態です。一つの仕事に長時間特化しすぎると、思考や精神が一定の形で硬直し、短期的には一見パワフルに見えても、やがて行き詰まってしまいます。「マインドフルネス」は、それとは対照に、あらゆる事態と問題に冷静に対処し、柔軟に自らを変化させ行動を形成していくことができる状態です。グローバリズムのなかで仕事が細分化し、複雑化し、大規模化していくいまだからこそ、繰り返し、繰り返し、力に満ちた柔軟な状態に戻らねばならないのです。

　そのためにはどうすればよいか、それが「マインドフルネス」の教えとなります。「マインドフル」な状態にするノウハウ、それが「マインドフルネス」です。一過性に薬や暴飲暴食によって力を得るのではなく、恒常的に自分の内に秘めたる力を外へ導く方法です。不自然な猛進ではなく、心を安らかにして、冷静に力に満ちて仕事に向き合う状態をつくることを意味します。

本書第3章を引用する形で言えば「マインドフルネス」は瞑想（内省）を主たる方法としますが、それだけではありません。「意識を落ち着かせ思考を明瞭にする」「集中力と健康を維持する」「幹部としての厳しい生活に備え」るため、日誌の執筆、ジョギング、エクササイズ、長距離ウォーキング、配偶者やメンターとの深い対話を通じて「内省を習慣的に行う」こともまた方法として取り上げます。

「毎日の決まった流れから自分を引き離して、仕事と人生についてじっくり考え、自分にとって本当に大事なことを見極める――その機会を持つ必要がある」。それは「成功にも、幸福と長期的な充実感」にもつながります。「生活禅」がそうであるように、あらゆる機会を、できるだけ多くの機会を自分の内省に結びつけるのです。「内省を習慣的に行うこと」――そこから力を導くこと、これが「マインドフルネス」の本質です。

人間は本来、世界からの息吹を受け、世界に対して再び息吹を注ぐ存在です。我々が常に自由闊達《かったつ》であるためには、世界から自分を貫いて、世界へ抜けていく息吹を取り戻さねばなりません。そのために必要な内省を促すためには、瞑想であろうと、ジョギングであろうと、ウォーキングであろうと、手段を問わず試してみるとよいのです。それぞれの仕方で自分を内省に導く行為を継続すればよいのです。

しかし、そうであるとはいえ、自分自身だけで「マインドフルネス」を行う方法を模索するには、膨大な試行錯誤による時間とエネルギーが必要です。そこで禅には禅僧がいらっしゃるように、「マインドフルネス」にも、ガイドとなる師が必要です。この本も、そのような師となる一冊です。そして何といっても、複数の各分野の専門家が科学的かつ多角的に「マインドフルネス」を説明すること、解明することが本書の特徴となります。

人工知能が陥っているドグマは、やがて人間に浸透していく

私は人工知能の研究をしています。特に、人工知能の精神と意識をつくる研究を続けています。現在の人工知能は、人間の知的能力の起源を探求しながら、それを模倣する形で構築され

ます。そこで、結果として人工知能研究は人間探求となり、精神医学、哲学、生物学、医学、社会学において探求されてきた人間像を試す場にもなっています。

世界のなかで人工知能は感じ、考え、行動し、記憶し、忘れ、疲れ、眠りますが、変化する現実世界のなかですぐにメモリをいっぱいにし、演算パワーを使い切ってしまいます。それは人間が疲弊するのとよく似ています。人工知能もまた、力を取り戻すためにコンピュータの上で禅と似た過程が必要です。メモリやプログラムを最適化するだけではなく、根本的に世界との結びつきのあり方を変える必要があります。これは「人工知能禅」とも言えるでしょう。

現在、人工知能が陥っているドグマが二つあります。これを知ることは、ビジネスに人工知能を導入するうえでも重要です。一つは「人工知能が思考する存在である」ということ、もう一つは「良く思考すれば、良い行動ができる」ということです。現在の人工知能はこの二つの指針でつくられていますが、この二つの思い込みこそが、人工知能と人間との差異を生み出しています。

人間はさまざまな精神活動を行います。考えるだけでなく、希望し、不安になり、信じ、泣き、喜ぶ、などです。人間を模倣すると言いながら、現在の人工知能は頑なに「思考すること」のみにこだわります。もう一つは「思考の高度化が必ず良い結果をもたらす」という考え方です。この考え方は一見正しく、正しくない。紀元前四世紀の中国の思想家、荘子はこの考え方を否定しました。人間の知はしょせんちっぽけな知であり（小知《しょうち》）、それを使い切ったところで高々知れており、過信して使うほうにこそリスクがある、と説きました。

人工知能がどんどん職場に入って来るなかで、人間と人工知能が比較されるようになると、このドグマは人間にも浸透してきます。「とにかくとことんまで考えよ、そして行動せよ」はビジネス的スローガンとしてよく掲げられていますが、そこからこぼれ落ちていくものもあるのです。

「世界の流れを感じて、身を任せよ」と荘子は言います。時には我々は意識で考えたことではなく、自分自身の無意識が感じ取って考えていることに耳を傾けることも必要なのです。「マインドフルネス」が提示するのは、そのような自然状態への回帰なのです。

仕事の現象学から考えるマインドフルネス

私は「人間のような」人工知能をつくりながら、人間とは何かを探求し続けてきました。このような立場から、「マインドフルネス」を説明してみたいと思います。

「私」があって「対象」がある、という考え方は、一七世紀以降のデカルト的な考え方です。世界と対象を明確に分離する考え方の出発点が、有名な「われ思うゆえにわれあり」という一節です。「確かな自分（近代的自我）から対象世界を理解し変化させていく」という考え方から近代の学問と科学が立ち上がっていきます。

しかし、二〇世紀に入ると、その考えはやや窮屈になり、新しい哲学、思考以外のさまざまな精神活動を射程とするフッサールの現象学が立ち上がります。現象学とは、対象と自分を分けずに、まず経験のなかから自分と対象を自然に浮かび上がらせていく、という手法を取る学問です。「自分」は自分の内側から外側へ向かう力（志向）と、もう一方の変化する環境世界の混ざり合う場で渦のように生成するのです。

「仕事の現象学」を考えてみましょう。自分の内なる主体と、外界の流動する仕事、この二つから「仕事する意識」が生まれます。しかし我々の精神は本来、複数の知的活動の流れの集合であり、そのなかの一つが意識に上ってきます。そして、その意識があまりに仕事と結びつくと、他のさまざまな知的活動が無意識に追いやられてしまいます。

それが集中なのですが、無意識に流れる知的活動が固定されてしまうと、自分の本来の無意識の力というものを使えずに、意識のなかで何もかも解決しようとする状態になります。つまり、固定された意識というのは、知的活動をある時点から阻害してしまうのです。

締め切った部屋のなかでデスクワークをするような息苦しさが、ここにあります。これを解消するのがリフレッシュであり、そこからの「マインドフルネス」です。

私たちが陥っている二重の「網」を外すために

では「マインドフルネス」が取り戻そうとする、我々の内なる力とは何でしょうか？　ここで、仏教の唯識《ゆいしき》論を思い出してみましょう。唯識論とは、人間の精神が「八つの識《しき》」の層でできている、というモデルです。

まず環境から刺激・情報がそのまま入って来る最下層が「阿頼耶識《あらやしき》」、この識は世界をそのまま映すと言われています。その上にある識によって、世界をあるがままではなく、人として捉われた見方が成されていきます。阿頼耶識の上にあるのが「末那識《まなしき》」、ここで自我が形成されると言われています。それ以降の五感に応じた五識《ごしき》は、色、匂い、味、触り心地、など、感覚的欲求によって世界に色づけを行っていきます。その果てに「意識」が人間の欲求と自我が組み込まれた世界を受け取る、というわけです。このように、生物である限り、世界を自分とその感覚に捉われた世界として見ています。

さらに、人間の場合、その上に知識と言葉を持っています。この知識によってさらに世界は解釈されてしまいます。すなわち人間は、まず生物としての生態と身体的性質による網（偏見）で世界を見て、次に社会から与えられた言語による知識の網で世界を見ます。世界をあるがままに見るどころか、二重の網をかぶせて見ているのです。禅とはこの網を外すことだと、西洋哲学、東洋哲学を越境して探求した井筒俊彦先生はおっしゃいました。

さまざまな行き詰まりは、狭い了見によって起こります。知能は常に環境と自分の間を振動しながら呼吸するように活動しているので、環境、世界からかけ離れた場所に閉じ込められた知能はどんどん萎んでしまうのです。そういう時には、自分が陥っている見方の「網」を一度外してみることが重要です。

しかし、この網を外すことは、禅の修行をせねばならないことです。禅問答が突飛な飛躍に聴こえるのは、まさにこの網に囚われたることを知らしめるためです。その網を自在に外し、本来の世界からの流れを自分に通すことが、禅による力の解放であり、世界への自分の解放なのです。それが力を満たすことです。

「マインドフルネス」は、禅の深い奥義のような、根源認識のレベルの深い変更を求めるものではありません。とりあえず、現在、目前の仕事で絡み合っている精神を解きほぐし、本来の力を自分の心と身体に通すことを目指します。「マインドフルネス」は米国らしい実践的で効果主義的な禅のパッケージなのです。

そこでは何より「方法と効果」が求められます。つまり「マインドフルネス」とは、どのように実践し、どのような効果が得られるかという実際的なノウハウの集合とも言えます。そして、それこそが、スピード社会、過当競争とも言えるＩＴの世界で特に求められているのです。「マインドフルネス」は世界に知れ渡った禅の、米国版ビジネス的パッケージと言えるでしょう。もちろん、それでも足りない部分は、より包括的に禅の門を叩かねばなりません。

＊　＊　＊

以上、「マインドフルネス」を私なりに哲学と仏教、そして人工知能をまじえて位置づけてきました。「マインドフルネス」は、まさに時代の要請のなかで生まれました。資本主義的競争のなかで疲弊して行く人間を救うのが禅であることに、我々日本人は誇りを持っていいでしょう。そして、「マインドフルネス」を学ぶことは、現代社会に生きる人々が直面しているさまざまな問題を知ることにもなるのです。

「マインドフルネス」を実践したい方、「マインドフルネス」から現代社会の問題を探求したい方、より広い人々に本書を手に取っていただくことを願います。

Harvard Business Review
Emotional Intelligence MINDFULNESS

1

マインドフルネスはＥＩを向上させる

ダニエル・ゴールマン
Daniel Goleman
マシュー・リピンコット
Matthew Lippincott

"Without Emotional Intelligence, Mindfulness Doesn't Work,"
HBR.ORG, September 08, 2017.

マインドフルネスの具体的なメリット

企業でマインドフルネスが流行っている。よいリーダーになるための近道としてもてはやされているが、言われているような効能すべてがマインドフルネスによるものかどうかについては、疑問なしとはしない。私たちが行った調査と分析によって、マインドフルネスと仕事の成果の間にある複雑な関係を解明することができた。リーダーとしてのキャリアを築きたい人にとって、これを理解しておくことはきわめて重要である。

マインドフルネスは、自分の内面に意識を向け、思考や感情や行動について、解釈や良し悪しの判定をせずにただ観察するための方法である。マインドフルネスのプラクティスの方法として多いのは、自分の呼吸だけに意識を集中させ、雑念が浮かんだら再び呼吸に意識を向けるというものだ。集中力が強化されると、どんな時でも、感じたり考えたりしたことに心を乱されることなく、ただそれを見つめることができるようになる。そのような実践を続けると、他者としっかりした関係を築けるようになったり、リーダーとしてのパフォーマンスが向上したりするなど、さまざまな恩恵にあずかることができる。

ショーンという人物を例に説明しよう。フォーチュン100に入る大手企業のシニアリーダーである彼は、マインドフルネスが自分のキャリアを良い方向に変えるうえで重要な役割を果たしたと言う。いっとき深刻な業績不振で苦しんだが、その原因が自分のマイクロマネジメントと、自分の態度が部下を萎縮させていることにあると気づいた。四半期目標の達成に執着するあまり、部下をぎりぎりまで追い立てたが、業績は一向に好転しなかった。クビになるか、そうでなくても不安に押しつぶされて燃え尽きてしまうのではないかと恐れた。

しかしマインドフルネスに救われた、とショーンは言う。集中してプラクティスに励んだおかげで、カッとなっても自分を抑えることができ、部下をサポートして健全な形で責任を持たせることができるようになった。不安衝動もうまくコントロールできるようになり、それにつれて部下たちのストレスも和らいだ。直属の部下たちは以前より彼を信頼するようになり、よい仕事をするようになった。そしてショーンは昇進を果たすことができた。

本稿の執筆者の一人（リピンコット）は、世界各国の組織でマインドフルネスを実践しているシニアリーダー四二人を対象とする研究をペンシルバニア大学で行った。(注1) ショーンはその中の一人である。ショーン以外のリーダーたちも、マインドフルネスにさまざまなメリットがあることを認めている。彼らが言及した効能には次のようなものがある。

- 上司、同僚、部下との関係が強化された。
- アウトプットが改善された。
- プロジェクトの成果が上がった。
- 危機管理の質が向上した。
- 予算が拡大し、人員が増強された。
- 信頼され、組織に関する機微情報が共有されるようになった。
- 高い人事評価を受けた。
- 昇進した。

マインドフルネスを実践するようになってから、廊下で自分を見かけた同僚が向きを変えて姿を隠さなくなった、と話してくれたリーダーもいた。

とはいえ、マインドフルネスは魔法ではない。リーダーたちの行動はどのようなメカニズムで変わっていったのだろう。そのヒントが、調査対象者のコメントの中にある。マインドフルネスを実践するにつれて、共感、コンフリクト対応、説得的コミュニケーションなどが改善されたことを同僚に褒められた、というのである。これらはまさに、本稿の執筆者（ゴールマン）が、ＥＩ（感情的知性）の中核をなすコンピテンシーと位置づけているものである。（注2）

ＥＩスキル、ひいてはリーダーシップを向上させる貴重な機会

マインドフルネスとＥＩの関係については、リピンコットが行った調査からも明白である。リーダーたちは、マインドフルネスの実践がパフォーマンスの向上に直結したわけではなく、自己認識が深まり、そのことによって行動が変わったのだと体験を語った。変化した行動として彼らが挙げたものを見ると、ゴールマンが定式化したＥＩを測定するための「感情的・社会的コンピテンシー目録」（ＥＳＣＩ）と重なっている。つまり、マインドフルネスはＥＩを構成するコンピテンシーを向上させ、それがリーダーシップを向上させるのである。

ショーンはマインドフルネスによって、自分が強い不安にとらわれていたこと、それが思考

に悪影響を与えていたことに気づいた。仕事で過酷なほど高い基準を自らに課し、部下たちにも同じように厳格で完璧主義的な期待を抱いていたことを認識できたのである。社員たるもの（自分自身も含め）、どんなに厳しくても仕事のためなら耐えなくてはならない、などと考えていたのもその一例だ。

自身はワーカホリック的な考え方で昇進してきたものの、それはリーダーの役割を果たすうえで何の役にも立っていない、とショーンは気づいた。どの部下もショーンの非現実的な期待に応えられず、そんな部下を叱責する上司に対する不満がチーム内に鬱積《うっせき》し、前進が妨げられていた。それがわかった時、ショーンは二つの能力を改善する必要があることを自覚した。自己認識と自己管理である。

その結果、彼は目標や期待をより現実的なものに調整し、部下たちの意見も聞いたうえで目標を決めるようになった。その変化は、ＥＩのさまざまな能力の改善にもつながった。うるさく指図するのではなく、部下の話に注意深く耳を傾けているうちに共感力も高まっていった。

部下を肯定的に見るようになると、彼らには目標を達成する力があると感じられるようになり、頭痛のタネではなく頼もしい味方だと思えるようになった。また、人や状況や出来事を肯定的にとらえられるようになった。部下は自分の恐れや弱さを包み隠さず語る上司を信頼し、心のなかにあることを素直に話してくれる上司から前向きな刺激を受けるようになった。

私たちのこれまでの研究によって、ショーンが獲得したＥＩ――達成意欲、コンフリクトマネジメント、共感力、ポジティブな見方、創造的刺激を与える能力など――が優れたリーダーに欠かせないことはわかっていたが、ショーンのケースはそれを見事に裏づけている。

マインドフルネスのエクササイズによって、ショーンはリーダーとして成長した。自分のどこを改善すればいいかがわかり、よりよく行動するために必要な自己認識もできた。ただ、ここで忘れてはならないのは、気づかせてくれたのはマインドフルネスのおかげだったとしても、改善そのものはＥＩの領域においてなされた、ということである。

マインドフルネスを一時的な流行で終わらせてしまうと、重要なＥＩのスキルを向上させるせっかくの機会を逃してしまう。リーダーは、与えられた務めをよりよく果たすために、ＥＩを構成する多様な能力について自分の状態を見つめ、その向上を図らなくてはならない。

マインドフルネスはそのための手段として有効だが、体系立ったアセスメント（ＥＩ測定）やコーチングの大切さも忘れてはならない。その他のツールや方法としては、ロールプレイング、尊敬するリーダーをモデルにすること、感情的になりがちな状況を想定して対処方法をリハーサルするといったものもある。

マインドフルネスの背後に、ＥＩを幅広く向上させるメカニズムが存在することが理解できれば、リーダーシップに影響のあるさまざまな要素の改善に取り組むことができるだろう。

ダニエル・ゴールマン（Daniel Goleman）
心理学者、科学ジャーナリスト。ラトガース大学「組織におけるEI研究コンソーシアム」共同ディレクター。EI（エモーショナル・インテリジェンス）の提唱者。著書に『EQ こころの知能指数』（講談社）、『エコを選ぶ力―賢い消費者と透明な社会』（早川書房）などがある。

マシュー・リピンコット（Matthew Lippincott）
リーダーシップ開発に関する著述家、事業経営者、研究者。ペンシルバニア大学より博士号取得。世界最大手ソフトウェア企業二社でリーダーとして働いた経験がある。

1. Without Emotional Intelligence, Mindfulness Doesn't Work

Harvard Business Review
Emotional Intelligence
MINDFULNESS

2

マインドフルネスには科学の裏づけがある

クリスティーナ・コングルトン
Christina Congleton
ブリッタ・K・ヘルツェル
Britta K. Hölzel
サラ・W・ラザー
Sara W. Lazar

"Mindfulness Can Literally Change Your Brain,"
HBR.ORG, January 08, 2015.

マインドフルネスは脳を健全に保つ

ビジネスの世界では、マインドフルネスがもてはやされている。だが、その効果には自然科学の裏づけがあると知っている人は多くないかもしれない。

近年の研究結果からは、主観的な判断をせず、意識を「いま、この瞬間」に集中させること（すなわちマインドフルネス）によって、脳に変化が生じるという強力な科学的根拠が得られている。これはすべてのリーダーはもちろんのこと、今日の複雑なビジネス環境で働く誰もが知っておくべき事実である。（注1）

私たちは二〇一一年にこのテーマの研究に携わり、八週間のマインドフルネス・プログラムを体験した被験者たちを調査した。（注2）すると、脳の灰白質の密度に有意な増加が認められた。

その後、マインドフルネスの主な実践法である瞑想が脳に与える変化について、世界各地の神経科学の研究チームが解明に取り組んできた。

二〇一四年、ブリティッシュコロンビア大学とケムニッツ工科大学から集結した科学者たちのチームが、二〇件以上の試験で得られたデータをメタ解析し、脳のどの部分が常に影響を受けているかを判定することに成功した（注3）。

特定された八つの脳領域のうち、ビジネスパーソンにとって特に関係が深いと思われる二つについて、以下に説明しよう。

一つ目は前頭の奥深く、前頭葉の後ろ側にある前帯状皮質（ACC）と呼ばれる部位だ。ACCは自己制御力に関わっている。つまり、自らの注意と行動の対象を意図的に決め、その場にふさわしくない反射的な行動を抑え、臨機応変に対応する能力である（注4）。

ACCに損傷がある人は衝動性を示し、攻撃性に歯止めがきかなくなる。また、ACCと他の脳領域との連結に支障がある人は、思考柔軟性のテストで低い成績を残している。これらの患者は問題解決に際し、たとえ自分の戦略が無効であっても固執し、行動を変えようとしない傾向がある（注5）。

一方、瞑想の実践者はそうでない人と比べ、自己制御力のテストで優れた成績を示し、注意散漫となる原因に気を取られず、より多く正解できた（注6）。別の試験でも、瞑想する人のACCはしない人よりも活発になっていた（注7）。

さらにACCは、過去の経験からの学習をもとに最適な意思決定を下す能力にも関わっている。（注8）不確実で急速に変化する状況において、ＡＣＣは特に重要な役割を担うと科学者たちは指摘する。以下の二つの画像は、瞑想による変化を示す。

二つ目に焦点を当てたい脳の領域は、海馬である。私たちの二〇一一年のマインドフルネス・プログラムにおいて、被験者に灰白質の量の増加が見られた部位だ。タツノオトシゴ（ウミウマ）の形に似たこの部位は、大脳辺縁系――情動と記憶に関わる脳内構造物の総称――の一部であり、側頭葉の内側にある。

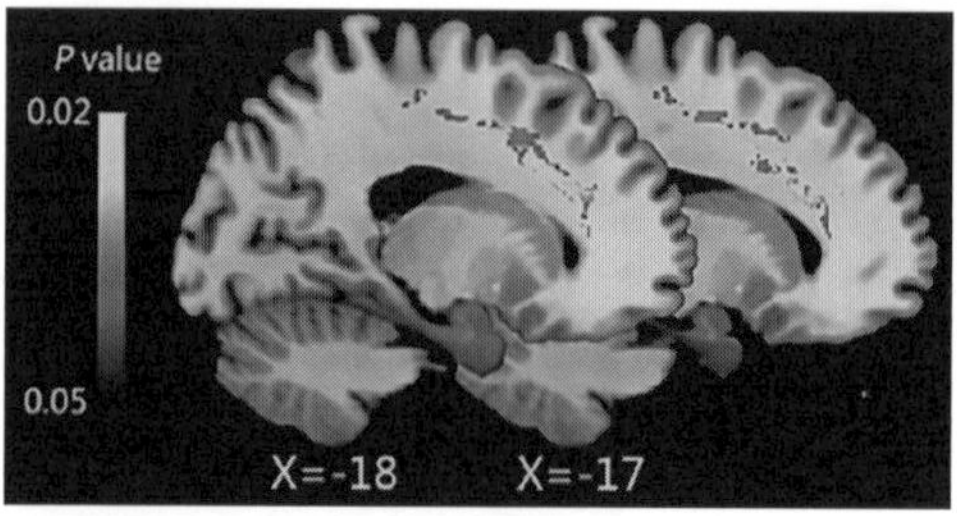

出典：Tang et al. "Short-term meditation induces white matter changes in the anterior cingulate ")

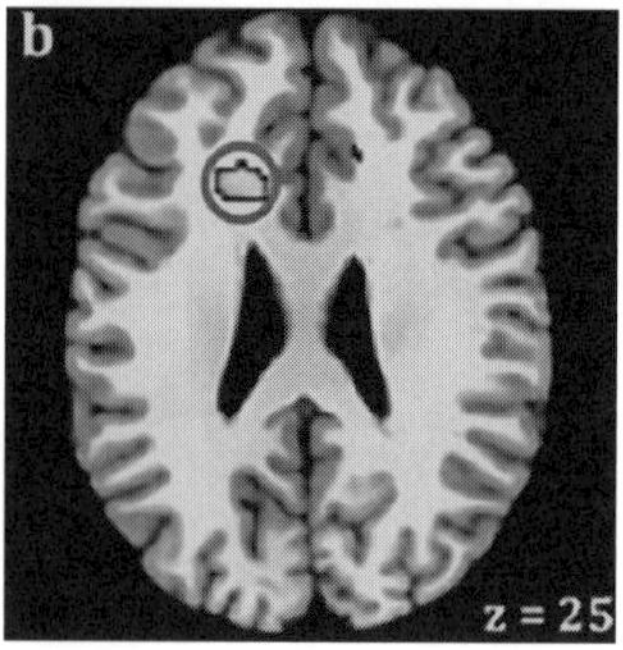

出典：Fox et al. "Is meditation associated with altered brain structure? A systematic review and meta-analysis of morphometric neuroimaging in meditation practitioners"

海馬には、ストレスホルモンの一つであるコルチゾールと結合する受容体があるため、慢性的なストレスによってダメージを受ける恐れがあり、体内

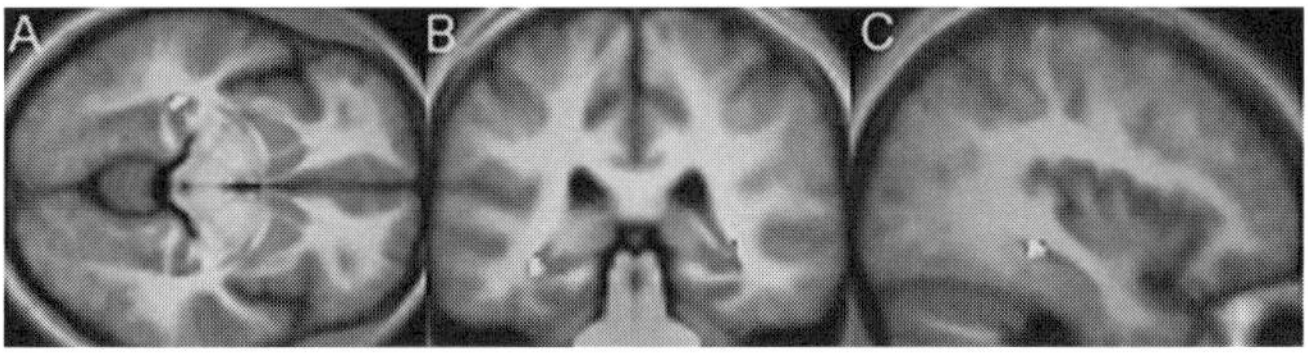

出典：Hölzel et al. "Mindfulness practice leads to increases in regional brain gray matter density"

で悪循環を引き起こす原因となりうる。(注9) 実際、うつ病やPTSD(心的外傷後ストレス障害)のようなストレス関連の障害を患っている人には、海馬の萎縮が見られる。(注10)

これらの事実は、海馬がレジリエンス(逆境から再起する力)に深く関わる部位であることを示している。レジリエンスは、現在の厳しいビジネス環境においてカギとなる能力の一つだ。

これらは研究成果のごく一部にすぎない。マインドフルネスを実践すると、知覚、身体感覚、疼痛耐性、情動制御、内省、複雑な思考、そして自己意識に関わる脳部位に変化を生じさせることも、神経科学者たちは明らかにしている。長期的な変化を実証して根本的なメカニズムを解明するには、さらなる研究が必要ではあるが、これまでの一連の根拠には非常に説得力がある。

いまやマインドフルネスは、企業のリーダーにとって望ましいというものではなく、必須のものであろう。脳を健全に保ち、自己制御と意思決定能力を支え、有害なストレスから自分自身を守るための方法なのだ。

メンタルトレーニングとして実践してもよいし、宗教や精神生活の一環として取り入れてもよい。腰を下ろし、しっかり呼吸し、「いま、この瞬間」にただ集中することで変化が期待できる。これを集団で行えば、効果はより顕著になるかもしれない。

クリスティーナ・コングルトン（Christina Congleton）
アクソン・コーチングでリーダーシップと変革のコンサルタントを務める。デンバー大学でストレスと脳の研究も行う。ハーバード大学で人間発達心理学の修士号を取得。

ブリッタ・K・ヘルツェル（Britta K. Hölzel）
マインドフルネスの神経メカニズムについてMRIによる研究を行う。マサチューセッツ総合病院とハーバード・メディカルスクールのリサーチフェローを経て、現在はミュンヘン工科大学に勤務。ドイツのギーセン大学で心理学博士号を取得。

サラ・W・ラザー（Sara W. Lazar）
マサチューセッツ総合病院精神科 准研究員。ハーバード・メディカルスクール心理学助教も務める。ヨガと瞑想の効果をもたらす神経メカニズムについて、臨床現場と健常者の生活の両面における解明に取り組む。

Harvard Business Review
Emotional Intelligence MINDFULNESS

3

グーグル、ゴールドマン・サックスはなぜマインドフルネスに取り組むのか

ウィリアム・W・ジョージ
William W. George

"Developing Mindful Leaders for the C-Suite,"
HBR.ORG, March 10, 2014.

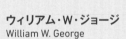

企業に広がるマインドフルネス

二〇一四年二月、『タイム』誌の表紙に「マインドフル革命」の文字が躍った。これはビジネス界での最新の流行を誇大に伝えているようにも見えるが、企業幹部たちの考え方に大きな変化が起きていることの表れにも思える。私自身は後者だと考えている。

瞑想や内省、日誌の執筆といったマインドフルネスの取り組みは、グーグル、ゼネラル・ミルズ、ゴールドマン・サックス、アップル、メドトロニック、エトナなどの優良企業で実践され、組織の成功に寄与している。いくつか例を挙げよう。

- グーグルで「陽気な善人」の肩書きを持つチャディー・メン・タンは、CEOラリー・ペイジの後押しを得て社内で瞑想の講座を数百回にわたり指導し、著書『サーチ・インサイド・ユアセルフ』(注1)はベストセラーとなった。
- ゼネラル・ミルズはCEOケン・パウエルの指揮の下、瞑想を組織の正式な慣行としている。社内で瞑想の講座を指導していた元幹部ジャニス・マートラーノは、退社後にインスティテュート・フォー・マインドフル・リーダーシップを設立し、マインドフルネスになるための瞑想を教える企業幹部向けの講座を運営している。

- ゴールドマン・サックスは、『フォーチュン』誌の「最も働きがいのある企業」で二〇一四年に四五位に入った（前年の九三位から躍進）。同社によるマインドフルネスの講座と取り組みが、『フォーチュン』誌の特集で取り上げられた。（注2）
- 瞑想の実践者でもあったアップル創設者のスティーブ・ジョブズは、負のエネルギーを抑制するため、および画期的な製品を生み出すことに集中するため、そして卓越性の実現をチームに要求する際に、マインドフルネスを利用していた。
- メドトロニックは創設者アール・バッケンの先見の明により、一九七四年にはすでに瞑想のための部屋を設けていた。この部屋はやがて、創造性を重んじる同社の姿勢を象徴する存在となった。
- 医療保険会社エトナはCEOマーク・ベルトリーニの指揮の下、瞑想とヨガの効果に関する綿密な調査を実施し、従業員の健康管理コストの抑制につながったことを報告している。

激しい競争に身を置くこれらの企業は、経営トップ以下すべての従業員が途方もないプレッシャーに直面しており、困難な課題を克服するには、最も重要なことについて熟考する時間が足りないとわかっている。数限りない要求や気を散らす物事を整理する方法を、誰もが必要としている。

しかし、重責を担うリーダーにとっては、次のことが特に重要となる。重大な意思決定に際し集中力を発揮して思考を明瞭にすること。組織を変革するにあたり創造性を発揮すること。顧客と従業員に思いやりを持つこと。そして自分らしさを貫く勇気を持つこと。

集中力、明瞭な思考、創造性、思いやり、勇気。これらこそ、私がともに仕事をし、教え、メンタリングを施し、インタビューした「マインドフルなリーダー」たちが持つ資質である。これらはまた、今日の卓越したリーダーたちに、多くの困難に立ち向かう再起力と、長期的な成功を目指す決意を与える。本当に違いをもたらすのは――これは単純なようで多くの企業幹部が気づいていないことだが――思考を明瞭にする能力、そして最も重要なチャンスに集中する能力なのだ。

心理学者のダニエル・ゴールマン博士は、ＥＱ（心の知能指数）の提唱者である。著書

『フォーカス』(注3)で、脳の認知力を制御することが思いやりや勇気といった心の資質を高めることと、そのためにマインドフルネスが重要であることを、データで示している。

また、彼の論文「リーダーは集中力を操る」(注4)では、リーダーが自身や組織の関心を明確に方向づけるためのフレームワークを示している。すなわち、①自分への集中、②他者への集中、③外界への集中、という三種類の集中力をこの順番で使いこなすという方法だ。こうした集中力を養うには、一日のなかで生じる不安や混乱、プレッシャーを取り除き、脳を完全にリラックスさせるための、習慣的な取り組みが必要となる。

私は一九七五年、妻のペニーとともにトランセンデンタル・メディテーションのワークショップに参加した。以降、瞑想の習慣を三八年間続けている。いまでもノートパソコンを飛行機に忘れてくるなどのうっかりミスはあるものの、目の前の瞬間に集中する努力はずっと続けている。

私の家族も全員が、日々瞑想を行っている。息子のジェフは自らの努力で経営幹部となったが、毎日の瞑想とジョギングがなければ、ストレスに満ちたこの仕事で成功できなかっただろうと言う。

マインドフルなリーダーになる方法は瞑想だけではない。ハーバード・ビジネススクールで私が教えるクラスに参加する企業幹部たちは、意識を落ち着かせ思考を明瞭にするためのさまざまな方法を教えてくれる。

彼らによれば、リーダーシップを最も阻害するのは知能指数の欠如や職務の厳しさではなく、集中力と健康を維持することの難しさであるという。そして幹部としての厳しい生活に備え、頭と身体、精神を定期的に回復させるための日課に取り組んでいる。たとえば、祈り、日誌の執筆、ジョギングやエクササイズ、長距離のウォーキング、配偶者やメンターとの深い対話などである。

重要なのは、内省を習慣的に行うことだ。毎日の決まった流れから自分を引き離して、仕事と人生についてじっくり考え、自分にとって本当に大事なことを見極める――その機会を持つ必要があるのだ。それは成功にも、幸福と長期的な充実感にもつながるだろう。

ウィリアム・W・ジョージ（William W. George）
ハーバード・ビジネススクール教授。経営管理論を担当。メドトロニックの元会長兼CEO。共著に『リーダーへの旅路』（生産性出版）がある。

Harvard Business Review Emotional Intelligence MINDFULNESS

4

いまマインドフルネスが注目される理由

エレン・ランガー
Ellen Langer
アリソン・ビアード
Alison Beard

"Mindfulness in the Age of Complexity,"
HBR, March 2014.

エレン・ランガー教授のマインドフルネスに関する研究は、行動経済学やポジティブ心理学などさまざまな分野に、四〇年近くにわたって多大な影響を与えてきた。同教授の研究によると、惰性でいつも通りに行動するのではなく、身の回りで生じている出来事に注意を払うことで、私たちはストレスを軽減し、創造性を発揮し、パフォーマンスを高めることができる。

たとえば、同教授が実施した「心の時計の針を巻き戻す」実験では、高齢の男性被験者たちに二〇年前の自分に戻ったと仮定して行動してもらったところ、それだけで健康状態が改善したという。

混迷を深める現代のリーダーシップやマネジメントにマインドフルネスを活かす方法を、HBRシニアエディターのアリソン・ビアードが聞いた。

マインドフルになることのメリットとは

HBR：基本的なところからおうかがいします。マインドフルネスとは具体的にどのようなものですか。どのように定義していますか。

ランガー：マインドフルネスとは、新しい物事に能動的に気づくプロセスです。実行すると「いま、この瞬間」に向き合い、状況や全体像を敏感にとらえられるようになります。これはエンゲージメントの本質に重なります。物事に熱中し活力にあふれている状態、エネルギーを消費するのではなく生み出す状態です。

あれこれ考えるのはストレスが多く、消耗しそうだと思いがちですが、それは違います。本当にストレスになるのは、きちんと考えずにネガティブな判断を下したり、解決できない問題がありそうだと心配したりすることです。

私たちは皆、安定を求め、物事が静止した状態を保とうとします。コントロール可能だろうと考えるからです。しかし物事は絶えず変化するもので、この考え方は通用しません。実はこうした考え方があるために、かえってコントロールする能力を失っているのです。

たとえば業務プロセスについて考えてみましょう。「この作業はこうやるものだ」という考え方は正しくありません。方法は必ずいくつも存在し、選択すべき方法はその時の状況に応じて変わるはずです。

今日の問題を昨日の方法で解決することはできません。したがって「しっかり覚えて体が自然に動くようにしなさい」などと言う人がいたら要注意です。なぜならそれは、マインドフルネスの対極である「マインドレスネス」に陥った状態だからです。

誰かに与えられたルールは、つくった人にとっては有効ですが、その人との隔たりが大きくなればなるほど、あなたにとっての効果は薄れます。マインドフルな人は、ルール、ルーチンワーク、目標を指針としますが、それらに支配されることはありません。

――マインドフルになるメリットは何でしょうか。

まず、パフォーマンスが向上します。以前、研究で交響楽団のメンバーを対象にしたことがあります。彼らは自分の仕事に退屈し切っていました。同じ曲を何度も演奏するのですが、ステータスの高い仕事なので、そう簡単には辞められません。実験では、以下のような指示を出しました。

ある楽団には、これまでの演奏で最もよかったパフォーマンスを再現するという、かなりマインドレスな状態で演奏してもらいます。別の楽団には、各自の演奏に新たな変化を少しだけ加え、マインドフルに演奏してもらいます。

ただし、ジャズではないので、変化といってもごくわずかなものです。それでも実験内容をまったく知らない人たちにそれぞれの録音を聴かせたところ、マインドフルな演奏のほうが圧倒的に支持を集めました。

一人ひとりが自分の仕事をすることで、集団のパフォーマンスが上がったのです。各自が自分のことばかり考えていたら、収拾がつかなくなるという意見もあります。たしかに、反抗的な態度だったらそうかもしれません。しかし、みんなが同じ状況を共有し、「いま、この瞬間」に全力で向き合えば、組織としてパフォーマンスが上がらないわけがありません。

他にも、メリットはたくさんあります。

細かい点に気づきやすくなります。過去の行動をより多く思い出すことができます。創造性が豊かになります。チャンスを活かしやすくなります。リスクを事前に回避できます。他者を型にはめたりせず、相手を好意的に見られるようになり、相手からも好かれます。そしてカリスマ性が増します。

また、自分がいましていることの根拠がはっきりするため、別のことができていないと罪悪感にさいなまれることがありません。泣く泣く何かを後回しにしたり、後悔したりしないで済みます。この仕事をする、この会社で働く、この商品を生み出す、この戦略を遂行する。自分が「いま、この瞬間」に向き合って、それを優先すると決めたのなら、後悔する理由はありません。

すでに四〇年近く研究していますが、どのような基準で調査しても、必ずと言ってよいほど、マインドフルな行動はプラスの結果をもたらしました。根本的な分岐点があると考えるとわかりやすいでしょう。

サンドイッチを食べる、インタビューをする、ハイテク機器を扱う、報告書を書く――何でもそうですが、すべての行為はマインドフルに行われるか、マインドレスに行われるかのいずれかなのです。

マインドフルな意識は、行為に乗り移ります。フォーチュン50企業のCEO、至高の感動をもたらす芸術家や音楽家、一流のアスリート、教育者、技術者など、あらゆる分野の頂点にはマインドフルな人々がいます。マインドフルであったからこそ、上り詰めることができたのです。

マインドフルな人たちの共通点

――マインドフルネスとイノベーションの関連についてはいかがですか。

失敗作の別の使い道を参加者に考えてもらうという実験を、大学院生のガブリエル・ハモンドと共同で行ったことがあります。

あるグループには、接着剤の失敗作から生まれた3Mの有名な例を挙げ、その商品が当初目的とした用途を満たさなかったことを説明し、マインドレスな状態になりやすいよう仕向けました。

別のグループには商品の特徴、つまり短時間しか接着力が続かない素材であることだけを伝え、マインドフルな状態になりやすいように仕向けました。

最もクリエイティブな用途を思いついたのは、もちろん後者でした。

私は、研究者、作家、コンサルタントであると同時にアーティストでもあり、それぞれの活動が他の活動の糧として大いに役立っています。マインドフルネスや失敗の研究というアイデアを思いついたのは、絵を描いている時です。

ふと見ると、赤紫色で塗るつもりだったところを黄土色に塗っていました。直そうとして気づいたのですが、無意識に赤紫色で塗ろうと決めたのも、ほんの数秒前のことだったのです。

誰にでもあることです。よくわからない状態でスタートし、何かを決断します。失敗すれば残念ですが、あくまでも、一つの決断に従った結果にすぎません。決断はいつでも変更することができ、別の方法を取ればもっとよい結果が出るかもしれません。マインドフルな人は失敗を味方にできるのです。

――マインドフルな人は、カリスマ性が増すのでしょうか。

その点については、いくつかの研究で解明してきました。初期の研究に、雑誌の営業担当者に参加してもらったものがあります。マインドフルな営業担当者は販売量が多く、よりよい印象を買い手に与えていました。

最近の研究では、女性幹部が直面する壁に注目しました。力強く男性顔負けの振る舞いをすれば、傲慢な人だと思われます。かといって女性らしく振る舞えば、弱々しくてリーダーの器ではないと見なされてしまいます。

そこで、女性たちを二つのグループに分けて、相手を説得するスピーチをしてもらいました。その際、一つのグループには男性的に、もう一つのグループには女性的に振る舞ってもらいました。そしてそれぞれのグループの半数に、マインドフルにスピーチをするように指示しました。すると聞き手は、話し方が男性的だったか女性的だったかにかかわらず支持したのです。

——他者を型にはめて見なくなるのでしょうか。

その通りです。私たちは無意識のうちに相手を断定的に評価しがちです。彼は融通がきかない、彼女は衝動的だといった具合に。しかしこのように固定的な見方をしていると、その人と友好的な関係を築き、能力を活かすチャンスはつかめません。

マインドフルになることで、相手の行動の背景を正しく評価できます。その人にとって、その状況ではその行動が合理的だからそうしているのであって、状況が変われば違った行動をするかもしれません。

別の研究では、実験参加者に自分の性格を評価してもらい、最も直したいところと最も優れているところを挙げてもらいました。すると、きわめて皮肉な結果が出ました。一番の長所だと自負している点は、その人が改善したい点をポジティブに表現したものが多かったのです。

たとえば私の場合、つい衝動的に行動してしまうのですが、それは自然体なところが自分の長所だと考えているからです。つまり、私の衝動的な言動をとがめたい人は、自然体でありたいと思わなくなるよう私を説得しなければなりません。しかし私の行動の背景を正しく理解し、衝動的ではなく自然体なのだという見方をしてくれる人は、私の性格を直そうとは思わないでしょう。

マネジャーはどのように行動すべきか

——マネジャーがマインドフルに行動するには、どうすればよいですか。

自分の思考が相手に全部丸見えだと想像してみるのは一つの方法です。もしそうだとしたら、相手について悪いことを考えようとは思わないでしょう。相手の考え方を理解しようとするはずです。

そして何かに腹が立ったら――たとえば、誰かが担当作業の締め切りに遅れたり、指示した通りに作業しなかったりしたら――、「これは悲劇か、それとも単なる面倒か」と自問してみましょう。たいていは後者でしょう。私たちが腹を立てることの大半は後者に当てはまります。

また私は、仕事と生活のバランスではなく、調和を推奨しています。バランスというと、両者が正反対に位置し、共通項がない印象を受けます。しかし、実際はそうではありません。仕事も生活も大部分が人に関わることです。どちらにもストレスがあり、守るべきスケジュールがあります。両者を切り離して考えていては、一方の領域で成功したことを、もう一方に活かすことができません。マインドフルにとらえれば、領域は人がつくり出したものにすぎず、それに縛られる必要はないことがわかります。

そして、ストレスは何らかの出来事によって生じるのではなく、その出来事のとらえ方によって生じることも忘れないでください。たとえば、ある事態が起こりそうだ、もし実際に起こったら大変なことになると思うことがあるかもしれません。しかし予想はあくまで予想であり、私たちは将来の出来事を知ることはできません。

自分が失業するわけがないと考える理由を五つ挙げてみましょう。そうしたら次に、もし失業した場合のメリットを五つ考えてみましょう。新しいチャンスが広がる、家族と過ごす時間が増える、などです。これで「絶対起こるはずだ」という考え方が消えて、「起こるかもしれない」という考え方になりました。そして、もし実際に起こったとしても何とかなりそうだとわかりました。

仕事の責任に押しつぶされそうになったら、このアプローチを試してみてください。自分しかやれる人間はいない、このやり方しかない、自分がやらなければ会社がつぶれてしまう――。こうした思い込みに、疑問を投げかけるのです。視野を広げてマインドフルなとらえ方をすれば、ストレスは一気に解消します。

マインドフルな状態になると、結果に良いも悪いもないことに気づきやすくなります。A、B、C、D、あるいはその他の道があり、それぞれに課題とチャンスがあるのです。

何かモデルとなる事例を挙げてみてください。それに合わせて、マインドフルネスがどのように役立つかを説明します。

――「私はあるチームのリーダーで、チームは分裂状態です。メンバーはそれぞれ異なる戦略を主張して、激しく言い争っています。私は戦略を一つに決めなければなりません」

法廷に立った二人の男と裁判官の小話があります。一人の男が自分の主張を述べると、裁判官は「その通りだ」と答えました。もう一人の男が自分の主張を述べると、裁判官は彼に対しても「その通りだ」と答えました。二人が「どちらも正しいことはありえない」と訴えると、裁判官はまたも「その通りだ」と答えました。

私たちも同じで、対立を解決しようとする時に、この方法とあの方法のどちらかを選ぶ、あるいは妥協するというマインドレスな考え方をしてしまいます。

しかし、たいていの場合はＷｉｎ‐Ｗｉｎの解決策を模索できるはずです。チームメンバーが各自の立場に閉じこもらないように促し、初心に立ち戻ってオープンに議論できるようにしましょう。反対意見の人たちに相手の立場で議論させることで、どちらの主張にも一理あると気づかせることができます。そこから、両者が納得できる方法を探しましょう。

――「私は企業の幹部で、たくさんの責任を負い、私生活でも危機に陥っています」

もし私が、家庭の問題のためにこのインタビューを受けられないとしたら、こう説明するでしょう。「アリソンさん、どうかご容赦ください。私生活でこれこれの問題を抱えていて、いまは、心ここにあらずの状態なのです」

するとあなたは、こう答えるかもしれません。「それは大変。私も先週、困ったことがあったんですよ。大丈夫です。事情はわかりました」

そして問題が解決した後で、あらためてお会いして仕事を再開することができるでしょう。ただし、その時の私たちの関係は、まったく新しいものになります。そこから、未来のあらゆるプラスの可能性に向けた関係が構築されるのです。

――「私は上司で、成績が振るわない部下の勤務評価をしようとしています」

評価はあくまでもあなたの意見であり、普遍的なものではない点を明確にしましょう。これが対話の出発点になります。

たとえば、生徒や部下が「1＋1＝1」と答えたとしましょう。教師や上司は単に「不正解」と言うこともできますが、なぜ「1」という答えが出たのかを探ってみることもできます。部下の説明はこうでした。「チューインガムを一粒噛んでいて、そこにもう一粒足した場合、1＋1＝1になります」。これは、上司にとって新しい発見です。

あなたは上司として、神のごとく振る舞って部下を恐れおののかせることもできます。しかしそれでは、部下はあなたに何も話そうとせず、あなたは何も学ぶことができません。そしてあなたは孤立し、幸せにはなれないでしょう。

上に立つ者が孤独である必要はありません。上に立ちながらもオープンな態度を取ることは可能なのです。

——ご自身は、マインドフルな組織をどのように生み出していますか。

通常、私が企業のコンサルティングをする時は、その会社の人々がどれくらいマインドレスな状態で、その結果として何を見逃しているかを示すところから始めます。マインドレスな状態になってよいのは、次の二つの条件が満たされている時に限られます。

まず、物事の最善のやり方がわかっていて、かつ物事が不変である場合です。当然、これらの条件が満たされることはありません。ですから仕事をする時は、自分がその場にいて、自分自身で物事に気づく必要があるのです。

私はその次に、どんな目的地でもそこに到達する道は一つではなく、実際のところ、自分の選んだ道が目的地に続いていると確証は持てないという話をします。何事も視点が変われば違って見えるものなのです。

リーダーの皆さんには、知らないことは悪いことではないとお伝えしています。リーダーが何もかも知っているかのように振る舞い、その他の人々もリーダーは全知全能だというふりをして過ごす。これでは居心地の悪さや不安しか生みません。それよりは、私も知らない、あなたも知らない、誰も知らない――という状態のほうがよいのです。

事故ゼロを目指す方針は撤廃しましょう。そのような方針は、嘘を最大限に助長してしまいます。部下から「なぜですか。別のやり方ではなく、この方法でするメリットは何ですか」と質問が出るようにしましょう。そうすることで、みんなの緊張が多少ほぐれ、チャンスを見つけて活かす個々の能力が向上します。

何年か前に、ある高齢者施設で仕事をした時のことです。看護師がやって来て、ある入居者が食堂に行こうとしないと不満を訴えました。その入居者は、自室でピーナツバターを食べたいと言うそうです。私は話をさえぎって、「その場合、何か不都合があるのですか」と尋ねました。すると彼女はこう答えました。「みんなが同じことを望んだら、どうなると思いますか」

私はこう答えました。「みんながそうなったら、食費がかなり節約できるでしょうね。しかし真面目な話、これは食事の準備や提供の仕方について考えるきっかけになります。一人がたまに望む程度なら、大したことではないでしょう。逆に必ず毎回なら、そこにはチャンスがあると言えます」

――チェックリストは、お好きではありませんよね。

チェックリストを初めて使う分には問題ないかと思います。しかし二回目以降になると、ほとんどの人がマインドレスにチェックしてしまいがちです。たとえば航空機の操縦も同じで、フラップを上げ、スロットルを開け、防氷システムを解除するという決まった手順がありますが、雪が降っている時に防氷システムを解除したら墜落してしまいます。

その瞬間の定性的な情報の入力を必要とするチェックリストならば、悪くはありません。たとえば「気象条件に注意すること。現在の状況を考えると、防氷装置はオンにすべきかオフにすべきか」とか、「患者の皮膚の色は、昨日と比べて変化があるか」といったチェック項目です。マインドフルな状態を引き出すような問いかけをすれば、みんなが「いま、この瞬間」に向き合うようになり、事故を回避できる可能性が高まります。

ちなみに、マインドフルで定性的なコメントは人間関係の構築にも役立ちます。あいさつをする時に、「元気そうですね」と言うのと、たとえば「今日は目の輝きが違いますね」と言うのとでは、その印象に雲泥の差があります。

後者のような言葉を発するためには、その瞬間に集中している必要があります。相手もそのことを理解して嬉しく思うでしょう。

集中力

――ご研究当初と比べて、ビジネス環境はより複雑で不確実なものとなり、新しいデータや分析結果が次々と生まれています。この混沌とした世界を渡っていくために、以前にも増してマインドフルネスが重要ですが、混沌としているからこそ、マインドフルになることがいっそう困難になっています。

混沌としているというのは、とらえ方次第だと思います。情報が多すぎると言う人がいますが、私に言わせれば、情報の量はいまも昔も変わりません。昔と違うのは、人々が情報を知らなければならないと思い込んでいる点です。情報が多ければ多いほど、良い商品をつくることができ、会社が儲かるという考え方です。

しかし私は、結果を左右するのは、持っている情報の量よりも、いかに解釈するかだと思います。そのためには、マインドフルでなければなりません。

——マインドフルに行動する能力は、テクノロジーによってどのように変わりましたか。テクノロジーは役立ちますか、それとも足を引っ張りますか。

繰り返しになりますが、何に対してもマインドフルに取り組むことは可能です。マルチタスクの研究を通してわかったのは、開かれた態度でタスクの境界線を緩やかにしておくと、マルチタスクの強みが発揮できることです。

一つのタスクで得た情報を、別のタスクに活かせることがあります。テクノロジーのおもしろくて説得力があると思える部分を学んで、仕事に取り入れていくべきだと思います。

——ダニエル・ゴールマンは「リーダーは集中力を操る」(注1)で「新たな優位性を探ること」と「現在の優位性を活かすこと」の両方が必要だと論じています。マインドフルネス、つまり常に新しいことを求める姿勢と、物事にじっくり取り組んでやり遂げる姿勢のバランスは、どのように取ればよいでしょうか。

注意力、つまり、きわめて狭い範囲に集中力を当てることは、おそらくマインドレスな状態だと言えるでしょう。たとえば、私が馬に乗って森のなかを走っているとします。木の枝に注意して走ったので、枝が顔に当たることはありませんでしたが、地面の石にまでは気が回りませんでした。そのため馬がつまずいて、投げ出されてしまいました。

私は何も、ゴールマン氏の言う「集中力」がそういうものだと言っているわけではありません。必要なのは、緩やかな開かれた状態です。自分のしていることに注意を払いながらも、それだけに集中することはありません。そうしないと、チャンスを逃してしまうことになるからです。

――経営の分野でマインドフルネスについての議論が活発になっています。数十年続けてこられた研究がメインストリームになったと感じたのはいつですか。

あるパーティに出席して、二人の方から「どこに行ってもあなたのマインドフルネス論が話題ですね」と言われた時です。ただ、最近見た新作映画で、ハーバードスクエアを歩き回って人々にマインドフルネスとは何かと問いかけるが、誰も答えられないというシーンで始まる作品がありました。まだやるべきことはたくさんあります。

――今後の予定を教えてください。

ランガー・マインドフルネス・インスティテュートでは、健康、高齢化、職場の三つの分野を扱っています。健康の分野では、体と心の概念をどこまで推し進められるかを試してみたいと考えています。

何年か前に、ホテルの客室係の女性を対象とした研究と、視力に関する研究をしました。前者では、仕事はエクササイズだと説明をしてから働いてもらったところ、客室係の人たちの体重が減少しました。後者では、下のほうは文字が大きく、上に行くほど文字が小さくなる特殊な視力検査表を使って、下から順に文字を読んでもらいました。すると、上のほうの文字は楽に読めるはずという期待が生じて、通常よりも良い検査結果が出ました。

現在は、コントロールできないと考えられている多くの病気を、マインドフルネスで治療することに挑戦しています。少なくとも、症状を改善できるかどうか確かめたいと考えています。また、調査で証明された手法を用いて、人々に生き生きと暮らしてもらうことを目指して、メキシコのサンミゲル・デ・ジェンデをはじめ、「心の時計の針を巻き戻す」という考え方を取り入れた静養所を世界各国に拡大しています。

そして、ソロやサンタンデール銀行などの企業や、CAREや米国バーモント州のエナジー・アクション・ネットワークといったNGO（非政府組織）と協力し、仕事と生活の調和、マインドフルなリーダーシップや戦略プロセス、ストレスの軽減、イノベーションをテーマとした会議やコンサルティング活動も行っています。

私が次から次へと新しいアイデアを思いつくので、学生たちが大変な思いをしていると指摘されることがありますが、いまは、子どものためのマインドフルネス・キャンプもよいかもしれないと考えています。

こんな活動はどうでしょう。二〇人の子どもを集めてさまざまな基準でグループ分けしていきます。男子か女子か、年下か年上か、濃い髪色か明るい髪色か、黒い服を着ているか着ていないか、という具合です。これを、誰もが唯一無二の存在だとわかるまで繰り返します。私が三〇年前から言っていることですが、偏見をなくす最良の方法は、はっきりと差別化することです。

ゲームをしたり、途中でグループ構成を変えたりするのもよいでしょう。子ども一人ひとりに、ゲームのルールを変更するチャンスを与えてもよいかもしれません。そうすると、パフォーマンスとは、ある特定の条件下でその人の能力が表れたものにすぎないことが明確になります。たとえば、テニスでサーブを三回打たせてもらえれば、私だって、もっと手ごわい相手になりますよ。

――マインドフルネスについて、すべての企業幹部に心に留めておいてほしいことを一つ挙げるとすれば、どのようなことですか。

月並みな内容に聞こえるかもしれませんが、私が心から言えることがあります。人生は一瞬一瞬で成り立っており、それがすべてです。したがって、その一瞬一瞬に意味を持たせることで全体が意味を持つことになります。

私たちはマインドフルに行動することもあれば、マインドレスに行動することもあります。勝つこともあれば、負けることもあります。いちばん困るのは、マインドレスに行動して負けることです。何かに取り組む時は、マインドフルになり、新しいことに目を留め、それを自分にとって有意義なものにしましょう。そうすればあなたはきっと成功できます。

エレン・ランガー（Ellen Langer）
ハーバード大学心理学部教授。『心の「とらわれ」にサヨナラする心理学』（PHP研究所）、『ハーバード大学教授が語る「老い」に負けない生き方』（アスペクト）などの書籍と二〇〇本を超える論文を執筆。マインドフルネスの研究は四〇年以上に及び、この分野の権威。

【聞き手】アリソン・ビアード（Alison Beard）
『ハーバード・ビジネス・レビュー』（HBR）シニアエディター。

5

マインドフルネスは四つの確かな成果をもたらす

ダニエル・ゴールマン
Daniel Goleman

"Here's What Mindfulness Is (and Isn't) Good For,"
HBR.ORG, September 28, 2017.

信頼のおける文献は少ないが、確かな研究もある

「いま、この瞬間」に意識を集中させるマインドフルネスには、盛んに褒めそやされているほどの効果があるとは、必ずしも言えない。(注1) だが、マインドフルネスをうまく実践すれば、間違いなく役立つことがいくつかある。マインドフルネスが適切なアプローチとなる場合を見極めることで、社内研修プログラムを充実させ、リーダーのパフォーマンスと従業員の福利厚生をともに向上させることができるだろう。

マインドフルネスの研究を解釈しようとする際、用心しなければならないことがある。マインドフルネスの偉大な効果を主張する研究の多くが、たとえ査読を受けていても、相対的に科学的な綿密さに欠けるのだ。多くの場合、条件のコントロールが適切ではない。

あるいは、こんなケースもあった。テストグループと条件をそろえたグループがマインドフルネス以外のこと（たとえば運動）をして、適切な比較はできた。しかし、その結果は両グループとも同様の改善率を示していたのである。

ウィスコンシン大学マディソン校教授で脳神経学者のリチャード・デビッドソンと私は、最

も厳密な科学的基準に基づき、マインドフルネスや他の瞑想に関する膨大な公表文献をふるいにかけた。その結果、数千もの文献のうち、医学研究のゴールドスタンダード（最も信頼できる基準、黄金律）に適合した論文は、わずか一％ほどでしかないことが判明した。（注2）

だが、これらの確かな研究によって、マインドフルネスには真のメリットがあることも明らかになった。すなわち、より強い集中力、ストレス下での平静の維持、記憶力の向上、良いコーポレート・シチズンシップ（企業市民として社会に貢献すること）の四つである。

以下、それぞれがどのように役立つかを考察しよう。

①集中力が強化される

私たちがゴールドスタンダードに適合すると判断した研究の結果によれば、日常的な習慣としてマインドフルネスを実践する人たちには、上の空になったり、注意散漫になったりする傾向があまり見られない。（注3）このタイプの人は、マルチタスクをこなしている時でさえ、集中力が相対的に高かった。そのビジネス効果は歴然であり、明らかに生産性の向上と概念ギャップの改善が見られる。

ある幹部は、集中力不足のリスクについてこう語った。「会議中に上の空になると、たったいま、どんなビジネス機会を逃してしまったのかと心配になる」

このようなメリットを得るには一〇分間のマインドフルネス実践を一日に三回試してみることだ。その間はすべてをいったん脇に置き、自分の呼吸に全神経を集中させる。息遣いをコントロールしようとしてはいけない。ただ深く吸って、長く吐いていることを感じ取ればいい。呼吸以外のものに意識が向いたことに気づいたら、とにかく意識を呼吸に戻し、次の呼吸からやり直す。

気が逸れたからといって、自分自身を責めてはいけない。誰しもそういうことはあるものだ。マインドフルネスを実践し始めると、集中しようとしていることからいかに頻繁に意識が逸れるものか、嫌というほど気づくようになる。だが、意識をふたたび呼吸に集中させようとする行為こそが、集中を司る脳の神経回路の強化につながるようだ。

この変化を促すのは何か。前頭前野は脳の最高中枢であり、注意力を司る。扁桃体（怒りや不安といった、心をかき乱す感情を引き起こす部位）が活性化すると、この前頭前野に停止シグナルが送られる。そのため、不安や怒りを感じている時は、考えがまとまらなくなるのだ。

扁桃体を落ち着かせることができれば、前頭前野がより効果的に活動できるようになり、その結果、集中力が向上する。そして次のセクションでわかるように、まさに扁桃体を落ち着かせる役割を果たすのがマインドフルネスなのだ。

②ストレス下で平静を維持できる

瞑想を実践する人たちの扁桃体は攻撃性が比較的弱いことが、研究によって明らかになっている。つまり、彼らの脳はある種のインプットを脅威と解釈する可能性が低く、闘争や逃走、凍結といった防衛反応を即座に示す傾向が比較的弱いのだ。

これが職場でどのように展開するかを示す例として、上級幹部チームのリーダーを想像してみよう。

前述の呼吸法と似た、マインドフルネスのグループセッションを毎朝行うようになって以来、チーム内の関係は良好になり、些細な対立にそれほど強く反応しなくなった。そのため、チームメンバーたちは情報やアイデアを以前よりも円滑に共有できるようになる。それぞれの異なる視点を落ち着いて討論できるため、最終的にはより有効な戦略的決定を下せる。他のグループに関する調査でも、瞑想を実践する人は概して、ストレスの多い出来事から比較的早く回復することが明らかになっている。（注4）

③記憶力が向上する

マインドフルネスを実践する人は、作業記憶（ワーキングメモリー）、つまり、進行中の思考プロセスを保持する短期記憶にも優れている。たとえば、マインドフルネスを実践すると、大学生の大学院入学試験の点数が平均一六％上がった。（注5）

これを職場に当てはめれば、複合思考能力の強化につながる。この能力は戦略的な仕事や問題解決、さらには他者との張り詰めたやりとりに必要な、リーダーの資質だ。また、扁桃体が興奮しにくいということは、リーダーが平静を維持できるということであり、それはすなわち明瞭さを保つことを意味する。

④チームワークがよくなる

親切な態度を意識して育む瞑想は、マインドフルネス実践の一部であることが多い。このアプローチは、思いやりを司る脳の神経回路の活性化（注6）、つまり、寛容さの増大（注7）につながり、困っている人を助ける傾向が強くなること（注8）が実証されている。これはまさに、よいコーポレート・シチズンの資質であり、また「あの人の部下になりたい」と思われるリーダーの資質だ。

実際、多くのスポーツチームが調和の取れたチームワークの強化策として、いまやマインドフルネスをトレーニングに組み込んでいる。瞑想の指導者、ジョン・カバット・ジンは、ハーバード大学のボート競技チームに、また、オリンピックのボート競技代表チームにも、かつてマインドフルネス瞑想を指導していた。この競技では、チームの協調と助け合いが最重要であるため、選手たちは彼の指導の下、まず手をつないで円陣を組み、自分たちの息遣いに集中した。その後、黙ってシェル艇に乗り込み、スタートするのが常だった。

ポイントをまとめるとこうだ。マインドフルネスについて聞くことすべてを鵜呑みにすべきではないが、瞑想の習慣にはたしかにメリットがある。実際、研究によれば、生涯にわたってより多くの時間を瞑想に充てるほど、四つの面でよりよい結果が得られることも明らかになっている。スポーツジムでの定期的なトレーニングが体を健康にするのとまったく同じように、ある種の精神的健康を向上させる手段として、マインドフルネスをとらえるといいだろう。

ダニエル・ゴールマン（Daniel Goleman）
心理学者、科学ジャーナリスト。ラトガース大学「組織におけるEI研究コンソーシアム」共同ディレクター。EI（エモーショナル・インテリジェンス）の提唱者。著書に『EQ　こころの知能指数』（講談社）、『エコを選ぶ力―賢い消費者と透明な社会』（早川書房）などがある。

Harvard Business Review Emotional Intelligence MINDFULNESS

6

会議中でもマインドフルになれる二つの簡単なテクニック

マリア・ゴンザレス
Maria Gonzalez

"Mindfulness for People Who Are Too Busy to Meditate,"
HBR.ORG, March 31, 2014.

理性と感情は切り離せない

いまや流行語にもなっている「マインドフルネス」とは、実際のところ何なのか。簡単に言えば、どんな状況下でも、一瞬一瞬において、「いま、この瞬間をとらえる」力であり、「気づく」力である。

研究によれば、マインドフルネスによって、感情的な状態からより理性的になるよう脳が再調整される。瞑想の実践者の脳を観察したところ、合理的な意思決定に関わる部位である後部の島皮質の活性化が見られ、これが感情よりも事実に基づく意思決定につながることも示された。

この発見は朗報だ。なぜなら、他の研究によれば、人は論理的思考をする際に、実際には感情に大きくとらわれているからである。

理性と感情は切り離せない。のみならず、私たちが人や物事、アイデアに対して抱く正と負の感情は、意識的な思考よりずっと速く――一〇〇〇分の一秒ほどで――表面化する。私たちは脅威となる情報を遠ざけ、好ましい情報を大事にする。そして敵対者に対してだけでなく、データそのものに対しても「闘争・逃走」反応を示す。

マインドフルネスを訓練し、そのメリットを得るにはいくつかの方法がある。一日を始める前にある程度の時間を取り、じっと座って瞑想する、という訓練法ならあなたも聞いたことがあるだろう。これは間違いなく有益である。

しかし私がおすすめしたいのは、マインドフルネスを一日中、あらゆる状況で実践できる方法だ。つまり、常にマインドフルな状態で生活を送ることで、やがてマインドフルネスの取り組みと他の活動——プレゼンテーション、契約交渉、車の運転、エクササイズ、ゴルフなど——との境界がなくなるというわけだ。

①マイクロ・メディテーション

一つ目に、私が「マイクロ・メディテーション」と呼ぶテクニックを試してみてほしい。これは一回一～三分の瞑想を、一日に数回やるという方法だ。一日を通して特定のタイミングで、自分の呼吸を意識するのだ。

たとえばストレスを感じ始めた時や、やることが多すぎて時間が足りないと感じた時、あるいは気が散ってしょうがない時や、興奮を抑え切れない時でもよい。

まず、自分がどのように呼吸しているかに注意を向ける。それは浅い呼吸なのか、深いのか。息をひそめているのか、その時にお腹を引っ込めているのか、あるいは背中を丸めているのか。

次に、お腹に息を届かせるように呼吸を始める。ただし、力んではいけない。腹式呼吸を不自然に感じるなら、胸の下あたりまで吸い込むのでもかまわない。もし意識がさまよってしまったら、徐々に呼吸へと意識を戻せばよい——集中力を一瞬失ってしまったとしても、自分を責めることはない。

マイクロ・メディテーションを定期的に実践してみれば、やがて注意力と落ち着きが増すことに気づくはずだ。つまり、マインドフルネスと集中力を高める訓練となるのだ。一日に二〜四回、あるいは毎時間、または会議に行く前など、可能なタイミングで実践する予定を決め、忘れないようリマインダーをつくっておくとよい。

状況に応じて不定期にやるのもいいだろう。会議やプレゼンの準備として、あるいはストレスを感じた時や、マルチタスクによって集中力が削がれている時などだ。マイクロ・メディテーションによって本来やるべきことに自分を戻すことができ、マインドフルネスの筋肉を鍛えることにもなる。

②マインドフルネス・イン・アクション

私がおすすめしたい二つ目のテクニックは、「マインドフルネス・イン・アクション」——行動の中でマインドフルネスを行う——という方法だ。新たな訓練を日課として設けなくても、「物事に数秒単位で集中する」ことによって、一日の経験を少し違ったものにできるのだ。

たとえばあなたが会議中に、誰かの発言を聞き逃したこと、あるいはこの数分間意識が別のどこかに飛んでいたことに、ふと気づいたとしよう。あなたは聞くことをやめていたのだ。次の会議のことや、この後に詰まった予定のことを考えていたのかもしれない。あるいは単にぼけっとしていたり、携帯のメールに気を取られていたのかもしれない。

これは、誰にでも起こりうる事態だ。厄介なのは、深刻な誤認や、チャンスを逃すことにつながり、時間の無駄になりかねないことだ。

そこで、会議では「一度に数秒間だけ、耳を傾ける」ことに最大の努力を払ってみよう。口で言うほど簡単ではないのだが、訓練を重ねるうちに、集中力を途切れさせず継続して聞けるようになる。

意識が逸れていることに気づいたら、すぐに発言者の声に意識を戻す。この「集中し直す」という作業を一つの会議で数十回もやることになるかもしれないが、それは自然なことだ。人がどれほど頻繁に集中力を逸らすものなのか、私たちはほとんど自覚していない。さまよった意識を戻す時には、常に穏やかに、根気を持って行うこと。これは「いま、この瞬間」に意識を向ける訓練なのだ。

前に挙げたテクニックは、文字通り、意識を鍛え、脳の配線を変える行為だ。その結果として、三つの重要な変化が起こる。

- 集中力が高まる。
- 物事をより明瞭に把握できるようになり、判断力が向上する。
- 心の平静が養われる。心の平静は、精神面・感情面の負担を軽減し、創造的な答えを見出す可能性を高める。

マインドフルネスを鍛え、そのメリットを享受するためには、多大な時間の投資も特別な訓練法も必要ない。いますぐ、この瞬間から始めることができるのだ。

マリア・ゴンザレス（Maria Gonzalez）
瞑想によるマインドフルネスに取り組む個人と組織を支援する、アルゴノータ・コンサルティング創設者兼社長。

7

朝起きて、通勤、会議前……
すきま時間の活用法

ラスムス・フーガード
Rasmus Hougaard
ジャクリーン・カーター
Jacqueline Carter

"How to Practice Mindfulness Throughout Your Work Day,"
HBR.ORG, March 04, 2016.

起きている時間の半分ぐらいは、意識せずに動いている

読者の皆さんは心当たりがないだろうか。その日の予定を明確に意識して出社する。そして時間が瞬く間に過ぎ、気づけば帰宅の途についている。九～一〇時間ほどが経ったのに、優先事項のうち二つか三つしか達成できていない。

そんな時は往々にして、自分が一日何をしていたのかを、正確に思い出すことさえできない。こういう感覚がよくあるという方、心配はご無用。あなただけではないからだ。

研究によれば、人は起きている時間のうち約四七％を、実際に取り組んでいること以外の何かについて考えながら過ごしている。(注1) 言い換えれば、多くの人は「自動操縦」状態で動いているのだ。

加えて、いまや「アテンション・エコノミー」の時代。関心・注目が希少価値とされ争奪戦が起きているこの状況では、集中力を維持する能力は、技術的スキルやマネジメントのスキルとまったく同等に重要だ。

リーダーはとりわけ、この新たな傾向のせいで苦労している。優れた意思決定を下すには、

増え続ける情報の洪水を吸収し、統合する必要があるからだ。

だが幸いなことに、一日を通じてマインドフルネスの習慣を取り入れれば、脳を鍛えて集中力を高めることが可能だ。二五〇〇を超える組織の数千人に及ぶリーダーたちを支援してきた私たちの経験に基づき、集中力の高いマインドフルなリーダーになるためのガイドラインをいくつか紹介しよう。

一日の始まりを正しく迎える

まずは、一日の始まりを正しく迎える必要がある。研究によれば、人間のストレスホルモンの大半は、目覚めてから数分のうちに分泌される。(注2) これから始まる一日のことを考えることで、「闘争・逃走」本能が刺激され、血液中にコルチゾールが分泌されるからだ。

代わりに、こうしてみよう。目が覚めたら、横になったままで二分間、自分の呼吸を意識する。これからの一日のことが頭に浮かんだら、意識をそこから逸らして自分の呼吸に注意を戻すようにする。

次に、出社したら、仕事に取りかかる前に自分の席か車の中で一〇分間、マインドフルネスの短いエクササイズをして脳の力を高めよう。目を閉じてリラックスし、背筋を伸ばして座る。そして全意識を自分の呼吸に集中させる。一連の意識の流れを、息遣いにだけ向けるのだ。吸って、吐いて、吸って、吐いて……。

呼吸に集中しやすいように、息を吐き出すたびに回数を無言で数えよう。気が散ったら、意識を呼吸に引き戻すことで雑念から離れる。最も重要なのは、その時間を楽しむことだ。今日これから、他の人々やさまざまな至急案件があなたの注意力を競って奪おうとするだろう。しかしこの一〇分間は、注意力を自分のためだけに使えるのだ。

このエクササイズを終えれば、仕事を始める準備が整う。そして仕事のパフォーマンスは、マインドフルネスによって高めやすくなる。

オフィスに到着してからの注意

「マインドフルな意識」とは、集中と感知という二つのスキルによってもたらされるものだ。

より詳しく言うと、「集中」(focus)とは、いま自分がしていることに専念する能力であり、「感知」(awareness)とは、自分の意識の状態を認識し、気を散らす物事を捨て去る能力である。

マインドフルネスはただ座って行うだけの行為ではなく、「意識を鋭敏・明晰にすること」と心得てほしい。そしてマインドフルネスを行動のなかで行うことは、マルチタスクという実現不可能な行為よりもはるかに有益となる。

「マインドフルに働く」というのは、オフィスに着いた瞬間から、自分が行うすべてのことに集中と感知を用いることだ。目前の作業に集中し、自分の内外に生じる邪魔・雑念を感知して捨てる。それによってパフォーマンスが高まり、ミスが減り、創造性さえ高まるのだ。

集中と感知の力をよりよく理解するために、ほぼ誰もが直面している悩みの種について考えてみよう。それはメール依存である。メールには、私たちの注意を引きつけて優先順位が低い作業へと向けさせる作用がある。簡単にできる小さな作業を続けると、脳内に快楽ホルモンのドーパミンが分泌されるからだ。これがメール依存を助長し、集中を妨げる。

したがって、メールの受信箱を開く時はマインドフルネスを用いるようにしよう。重要なものだけに「集中」し、ノイズにすぎないものを「感知」するのだ。一日をうまく始めるには、メールチェックを朝一番の作業にはしないことだ。そうすれば、集中力と創造性がとりわけ高い時間帯に、気を散らす物事や些細な問題の殺到を避けることができる。

お決まりの相次ぐ会議の時間帯が来たら、話し合いをより短く効果的にするうえでマインドフルネスが役立つ。上の空の状態で会議に入ることを避けるために、二分間だけマインドフルネスのエクササイズ（先述した呼吸への集中）をしよう。これは会議の場所へと歩きながらでもできる。

さらによい方法として、会議の最初の二分間、沈黙のなか、全員でこのマインドフルネスを実践すれば、皆が心身ともに準備を整えることができる。そしてもし可能であれば、予定時刻の五分前に会議を終わらせたい。参加者が次の会議に向けてマインドフルな状態で移れるようにするためだ。

一日の時間が経つうちに脳が疲れ始めたら、マインドフルネスによって、意識をクリアに保ち判断の誤りを避けることができる。ランチの後は、携帯電話のアラームを一時間おきに設定しよう。アラームが鳴ったらその時やっていることを中断し、一分間マインドフルネスのエクササイズをする。これによって、自動操縦状態（惰性）やアクション依存（先述のメール処理作業など）に陥るのを防ぐことができる。

最後に、一日が終わり自宅への帰途につく時に、マインドフルネスを行おう。通勤時間中の少なくとも一〇分間は電話の電源を切り、ラジオも消して（車通勤の場合）、マインドフルな状態に身を置く。浮かんでくるすべての考えを無視して、自分の呼吸に意識を集中するのだ。このエクササイズによって、一日のストレスから解放され、帰宅後は、家族との時間を満喫できるようになる。

＊　＊　＊

マインドフルネスは、人生をスローモーションのように生きることではない。その目的は、仕事と私生活の両面で集中と感知を高めることにある。気を散らす物事を捨て去り、個人と組織の目標に専念するということだ。自分のマインドフルネスをコントロールしよう。本稿で示した方法をまずは二週間試してみて、効果を見極めてほしい。

ラスムス・フーガード（Rasmus Hougaard）

ポテンシャル・プロジェクト創設者兼マネージングディレクター。二〇に及ぶ国々で企業向けにマインドフルネスのソリューションを提供する。共著にOne Second Ahead: Enhancing Performance at Work with Mindfulness がある。

ジャクリーン・カーター（Jacqueline Carter）

ポテンシャル・プロジェクト パートナー。ソニー、アメリカン・エキスプレス、カナダロイヤル銀行、ＫＰＭＧをはじめ世界各地の企業の幹部を支援。共著にOne Second Ahead: Enhancing Performance at Work with Mindfulness がある。

Harvard Business Review Emotional Intelligence MINDFULNESS

8

休息と瞑想が、集中力を高める

ダニエル・ゴールマン
Daniel Goleman

"To Strengthen Your Attention Span, Stop Overtaxing It,"
HBR.ORG, November 28, 2013.

身体が最高のパフォーマンスを発揮する条件

アラスカで開かれる世界最長の犬ぞりレース「アイディタロッド」では、選手と犬たちは北極圏の氷上一七七〇キロメートルに及ぶコースを一週間以上かけて走る。以前は一二時間続けて走り、一二時間休むという戦略を取る選手が多かった。日中走って夜に休息するか、日中は休んで夜に走るかのいずれかだ。

それをまったく変えてしまったのが、スーザン・ブッチャーだった。獣医のアシスタントだった彼女は、犬の生物学的な限界を熟知していた。四～六時間全力で走らせ、同じ時間休ませるという訓練を犬たちに施し、レースでは昼も夜もそのリズムを繰り返すようにした。そして四回もレースを制覇したのである。

スーザンが犬たちを訓練した方法は、ほとんどのスポーツでトップアスリートたちがやっているのと同じ方法である。すなわち、四時間ほど集中的に練習し、その後休息を取るというものだ。これは、身体が最高のパフォーマンスを発揮するために最も適したルーチンなのだ。

フロリダ州立大学の心理学者アンダース・エリクソンは、最も優秀なパフォーマーたちを研究している。彼の発見によると、重量挙げの選手からピアニストに至るまで、世界のトップレベルで競争している人たちは、訓練メニューのうち最も厳しいものについては一日およそ四時間に制限しているという。そして休息をメニューの一部に取り入れ、身体的・精神的なエネルギーを回復させている。自分の限界まで練習するが、それ以上やりすぎることはないのだ。

この「作業－休息－作業－休息」のサイクルは、私たちの脳が最高の集中力を維持するうえでも有効だ。(注1) 職場では高度の集中によって、自分のスキルをピークの状態で発揮することが可能になる。シカゴ大学の研究者たちによれば、人が最高のパフォーマンスを発揮するのは、それが脳外科手術であろうと、バスケットボールのスリーポイント・シュートであろうと、目の前の作業に完全に没頭している時である。

脳のエネルギーを使い切ってしまわないために

最高のパフォーマンスには完全な集中が必要だが、意識を集中し続けるとエネルギーを消費してしまう――専門的に言えば、脳の燃料であるグルコース（ブドウ糖）を使い切ってしまう。

休息を取らないと、私たちの脳は消耗していくのだ。気が散ったり、イライラしたり、疲労感を覚えたり、仕事をしなくてはならないのにフェイスブックをチェックしたりするのは、脳が燃料切れを起こしている兆候だ。

適切な対処法は、昨今の経営幹部がめったに実践していないこと、つまり「ひと休みする」ことだ。「無理してでもやり遂げよう」とする人があまりにも多い。しかし、予備のエネルギーが魔法のように現れることはありえない。一日中頑張り通そうとすれば、パフォーマンスの質は次第に落ちていく。

複数の実験で明らかにされているように、脳がエネルギーを使い切ってしまうと認知能力が低下する。するとミスや物忘れ、頭が真っ白になる瞬間が増えてくる。ある企業幹部は、「ミーティング中に、心ここにあらずという状態になってしまうことがある。何かのチャンスを逃したのではないかと心配になる」と言っていた。

経営幹部の抱えるプレッシャーは多大なもので、パフォーマンスを高める薬に頼ろうとする人が出てくるのも無理はない。ある弁護士は、ＡＤＨＤ（注意欠陥・多動性障害）でもないのにその薬を毎日服用しており、かかりつけの医師に「これを飲まないと契約書が読めない」と打ち明けたという。

しかし、そんな人に役立つ、集中力を高めるための合法的かつ健康的な方法がいくつかある。その一つは瞑想だ。あらゆる瞑想法は認知科学の観点から見れば、集中力を訓練するためのものである。集中力を司る脳の機能を高める方法として人気が高まっている「マインドフルネス」は、瞑想から宗教色を取り除いたものだ。

マインドフルネスの背景にある神経科学では、「神経可塑性」という考え方が重要な役割を果たしている。つまり、繰り返し経験を重ねると脳の回路の一部が強化され、他の回路が弱まっていく。脳が変化していくということだ。

集中力は心の筋肉のようなもので、適切な訓練によって強化できる。心の中のトレーニングジムで集中力を高める基本的な訓練法は、たとえば自分の呼吸など、何かに的を絞り意識を集中することだ。集中が的から逸れたら（必ずそうなる）、今度は自分の心がさまよっていることを意識する。これには、思索の糸にとらわれずに自身の思考を認識する能力、つまり、マインドフルネスが必要になる。

それから意識を呼吸に戻す。ウェイトトレーニングの反復運動のようなものだ。エモリー大学の研究者たちは、この単純な訓練によって、集中力に関わる神経回路の接続が実際に強まると報告している。

もう一つ別の方法もある。それを「ラテン・ソリューション」と呼びたい。

私が最近訪れたバルセロナでは、ランチタイムになると店も会社もほとんどがシャッターを下ろしてしまう。従業員が自宅に帰って食事を取り、できれば少し昼寝もするためだ。日中に短時間でも休むようにすれば、脳は元気を取り戻し、残りの時間を集中して過ごせるはずである。

ダニエル・ゴールマン（Daniel Goleman）
心理学者、科学ジャーナリスト。ラトガース大学「組織におけるEI研究コンソーシアム」共同ディレクター。EI（エモーショナル・インテリジェンス）の提唱者。著書に『EQ　こころの知能指数』（講談社）、『エコを選ぶ力―賢い消費者と透明な社会』（早川書房）などがある。

Harvard Business Review
Emotional Intelligence
MINDFULNESS

9

たった一〇分間の瞑想で、創造性が高まる

エマ・ショートストラ
Emma Schootstra
ダーク・ダイヒマン
Dirk Deichmann
エフゲニア・ドルゴバ
Evgenia Dolgova

"Can 10 Minutes of Meditation Make You More Creative?,"
HBR.ORG, August 29, 2017.

瞑想の効果は、ストレス低減にとどまらない

ますます多くの職業で、創造性が求められるようになってきた。関係者全員の異なる優先順位を調整する時。顧客が抱える問題の解決策を模索する時。新製品ラインを立ち上げる時。あなたに必要な答えは、おそらく教科書には書かれていない。とはいえ、毎日のように素晴らしいアイデアがポンポン生まれるわけではない。

アイデアが尽きた時、どうしているだろうか。どのようにして「魔法」を取り戻しているのだろうか。

人気が高まっている方法の一つに、「マインドフルネス瞑想」がある。グーグルやゴールドマン・サックス、メドトロニックといった多くの大手企業が、瞑想をはじめとするマインドフルネス手法を従業員に推奨している。

こうした企業のエグゼクティブたちは、瞑想について、ストレスを低減するツールとして有効であるばかりか、創造性を高める効果もある、と言う。瞑想は、壁しかないと思い込んでいた状況に、風穴を開けてくれるからだ。

私たちのチームは、短時間の瞑想が創造性を高める効果について理解を深めるため、まず文献を調べ、続いて独自の実験を行った。その結果わかったことを紹介したい。

創造性とイノベーションを高める

数多くのエグゼクティブが瞑想を取り入れている理由は、ストレスがたまってきた時のリセットに役立つとわかったからだ。

研究によれば、マインドフルネス瞑想は、仕事の成果にポジティブな影響を数多く与える。(注1)定期的に行っていると、レジリエンス(回復力)が高まるほか、ストレスが低減し、(注2)感情をコントロールできるようになる。(注3)

また、より前向きな見通しを立てる力が身につくため、(注4)挫折から立ち直りやすくなる。反射的な「闘争・逃走反応」のスイッチを切り、バランスの取れた判断をするために不可欠な、より思慮深いモード(注5)に入る能力を身につけるうえで、役に立つのだ。

ダニー・ペンマンは著書『創造性のためのマインドフルネス』(注6)(未訳)のなかで、瞑想などのマインドフルネス手法は、創造的な問題解決に必要な三つの必須スキルを向上させると主張している。

第一に、マインドフルネスは発散的思考のスイッチを入れる。(注7) 言い換えれば、瞑想によって新しいアイデアに心が開かれる、ということだ。

第二に、マインドフルネスの練習は注意力を高めるため、(注8) アイデアの斬新さや有用性に気づきやすくなる。

第三に、疑念にとらわれたり挫折に直面したりした場合に必要な、勇気やレジリエンスを育む。(注9) イノベーションのプロセスには失敗や挫折がつきものなので、これは重要である。

創造性を高めるには一〇～一二分の瞑想で十分

マインドフルネス瞑想が短時間で創造性を高めてくれることを検証するため、また高まった創造性が組織内のアイデア創出にどう寄与するかをテストするために、オランダのエラスムス大学ロッテルダムで実験を行った。

私たちの関心は、これまでの研究（注10）とは異なり、たった数分の瞑想で創造性が高まるのか、という点にあった。一二九名の被験者（全員学生）を三つのグループに分け、「ドローンを使ったビジネスモデルをできるだけ多く考え出す」という創造的作業をしてもらった。

最初のグループには、ブレーンストーミングを始める前に、個々人に一〇分間の音声ガイダンス付きマインドフルネス瞑想をしてもらった。

二番目のグループには、一〇分間のにせの瞑想練習をしてもらった（心を解放して自由に考えるように指示した）。

三番目のグループは何もせず、すぐにブレーンストーミングを始めてもらった。

三グループとも、考え出したアイデアの数はだいたい同じで、説明文の長さも似たようなものだった。大きな違いは、瞑想したグループの出したアイデアが、はるかに多様性に富んでいたことだった。瞑想を行わなかった二グループの各人が出したアイデアは二つのカテゴリーに分けられたのに対し、瞑想をしたグループのアイデアは四つのカテゴリーに分類できた。

瞑想をしなかった二グループのうち最大のセグメント（合計人数の二〇％）に属する各人のアイデアは、五つのカテゴリーに分かれた（配達や撮影など）。それに対し、瞑想を行ったグループの最大セグメント（グループの二一％）の各人のアイデアは、九つのカテゴリーに分けることができた。ガーデニング（木を切る、花に水をやるなど）や防災（火事を消す）が含まれていたほか、妥当なもの（窓の掃除）からばかげたもの（キリンの餌やり）まで、幅広いものだった。

私たちは瞑想以外に、これらの違いを説明できる理由を探してみた。回帰分析においては、被験者がブレーンストーミングを楽しんだか否かなど、アイデアの柔軟性に影響を与えうる変数をいくつか考慮した。こうした瞑想以外の要因を差し引いても、他のグループのアイデアと比較して、瞑想したグループのアイデアは多様性が二二％高かった。

また、短時間の瞑想は身体を動かす運動と同様、心をよりポジティブでリラックスした状態にする場合が多いこともわかった。瞑想したグループでは、ほとんどの被験者があまりネガティブな感覚を覚えなかった。特に、瞑想によって被験者の不安は二三％、心配は一七％、苛立ちは二四％、それぞれ減少した。

筆者のチームは、こうした知見についてさらなる確証を得るため、オランダのある大規模研究組織のシニア・イノベーション・マネジャー二四名を被験者として、第二の実験を行った。

先の学生を対象とした実験と同様に、エグゼクティブたちはまず一二分間瞑想し、続いて「組織の中で垣根の少ない文化をつくるにはどうすればよいか」という課題について、個別にアイデアを考えた。その後、いくつかのグループに分かれ、さらにアイデアを出した。

ほとんどの被験者は、瞑想によって雑念が払われ、目の前の作業により集中でき、独創的なアイデアを思いつくことができたと報告した。それは、結果にも表れた。

あるアイデアは、マネジャーと従業員が一週間、職場を交換する（その後、その経験を社内報に載せ、元の職場にも報告する）というものだった。オランダのリアリティ番組にティーンエイジャーが家族を交換するものがあり、それと似ている。他には、社内ＴＥＤトークのような動画アーカイブをつくり、さまざまな部署の優れたアイデアや科学者たちを紹介するというものだった。

アイデアも、意思決定も、気分も、すべて向上する……それがコーヒーを一杯飲む程度の時間をかけるだけで？　その通り私たちの研究が、それを証明している。

グーグルの社内マインドフルネス・プログラム「サーチ・インサイド・ユアセルフ」のアドバイザー、ミラバイ・ブッシュは、こう述べている。「マインドフルネスはあなたのプライベートライフを向上させ、ワークライフも向上させる。Win-Winなのです！」

結局のところ、マインドフルネス瞑想が気に入るかどうかを知るには、自分で実際に試してみるほかない。短時間のマインドフルネス瞑想コースはいくつもあり、オンラインで入手できる。いずれかをダウンロードするか、あるいは以下の手順に従って試してみよう。

①邪魔の入らない場所を見つける。
②楽な姿勢で座り、タイマーをセットする。
③静かに目を閉じる。
④いま、何を経験しているか自問し、自分の感覚、気持ち、思考を観察する。
⑤自分の体に注意を向け、椅子または床に接している部分に意識をしばらく集中させる。
⑥腹部に注意を向け、自分の気持ちを観察する。呼吸のたびに腹部が膨らんだりへこんだりする様子に集中する。
⑦呼吸をそのまま変えずに、しばらく自分の呼吸を観察する。
⑧心が自然にさまよい始めることがある。

⑨心ここにあらずという状態であることに気づいたら、それを「自覚した瞬間」として受け入れ、再度呼吸に注意を戻す。

⑩全身に注意を向け、姿勢と顔を観察する。それができたら（またはタイマーが鳴って仕事に戻る時間が来たら）、目を開く。

エマ・ショートストラ（Emma Schootstra）
リッピンコット コンサルタント。過去に、エラスムス大学ロッテルダム・スクール・オブ・ビジネスの大学院生として、マインドフルネス瞑想に関する研究を行った。

ダーク・ダイヒマン（Dirk Deichmann）
エラスムス大学ロッテルダム・スクール・オブ・ビジネス助教授。

エフゲニア・ドルゴバ（Evgenia Dolgova）
エラスムス大学ロッテルダム・スクール・オブ・ビジネス、エラスムス・センター・フォー・ウィメン・アンド・オーガニゼーションズ リサーチャー。

10

マインドフルネスは目標達成のお役立ちツールではない

シャーロット・リーバーマン
Charlotte Lieberman

"Is Something Lost When We Use Mindfulness as a Productivity Tool?,"
HBR.ORG, August 25, 2015.

伝統的な知恵が、効率性の道具とされている

私は大学三年の時、中枢神経刺激薬アデロール（アンフェタミンの米国での商品名）への依存を克服した後、リハビリの一環で「マインドフルネス瞑想」を行うようになった。私が依存に陥ったのは、集中するためにアデロールを服用するのは大した問題ではないと思ってしまったからだ。これは米国の大学生の八一％に共通する行動である。（注1）

アデロールは、何かをやり遂げるための無害な、そして容易かつ効果的な近道に思えた。初めて服用した夜に感じた高揚感は、いまだに覚えている。

米国の小説家フォークナーの課題部分（簡単ではない）を読破し、提出期限が数週間も先のレポートに手をつけて書き上げた（できそうだ、じゃあやろう、という感じで）。さらに部屋の床を掃き（二回も）、未開封だったメールすべてに目を通し、（自分と関係ないものにも）返信した。

一晩中食事を忘れ、午前四時になっても目が冴えわたり、歯を食いしばっていて、お腹が鳴っていた。眠くなる気配すらなかった。

だが、最初は集中力と生産性を高める近道に思えた行為は、実のところ、回り回って自滅へと向かう道だった。集中力は自分自身の能力で生み出すべきものなのに、外の力に頼り、薬が問題を解決してくれると考えていたのである。

私はやがて問題に向き合い、薬を断ち、深刻な自信喪失状態から抜け出す方法を見出した。瞑想、特にマインドフルネス瞑想である（ヴィパッサナー瞑想とも言う）。

いまやマインドフルネスは、集中力と生産性の向上に有益だと科学的に証明され、メディアを騒がすようになった。(注2) 私からすれば、何とも皮肉に思える。私がマインドフルネスに行き着いたのは、「生産性を上げなければ」というプレッシャーからの回復を図るためだったからだ。そして、小さな青い錠剤ではないこの方法が、集中力と生産性を高める近道だと見なされつつある——まるで朝のコーヒーのように。

本来のマインドフルネスは、自己の成長と洞察にまつわる伝統的な知恵である。にもかかわらず、いまではキャリア形成と効率性向上のツールとして、私たちの文化に取り込まれようとしている。

はたして、マインドフルネスに特定の目標、それも（効率性向上などの）具体的な目標は必要なのだろうか。一つの「状態」になるための行為を、「行動のためのツール」ととらえてよいのだろうか。

企業、スポーツ界で期待される効果

企業は「問題なし」と考えているようだ。マインドフルネスのブームを受けて、米国中でこの手のプログラムを実施する企業が増えているのは驚くに値しない。

たとえばグーグルは、職場でマインドフルネス瞑想を教える「サーチ・インサイド・ユアセルフ」という講座を開いている。その他、ゴールドマン・サックス、ケーブルテレビ局のＨＢＯ、ドイツ銀行、小売チェーンのターゲット、バンク・オブ・アメリカを含むいくつもの企業が、生産性向上の手段として従業員に瞑想を推奨している。

こうした一連の動きについて、ジャーナリストのデイヴィッド・ゲレスは、著書『マインドフル・ワーク』(注3)の中で歓迎すべきものと称賛している。

プロスポーツの世界でも、マインドフルネスの流行に内在する成果主義的な側面に注目が集

10. Is Something Lost When We Use Mindfulness as a Productivity Tool?

まっている。特に最近では、アメリカンフットボールのNFLだ。

『ウォール・ストリート・ジャーナル』紙は、二〇一四年のスーパーボウルで優勝したシアトル・シーホークスの成功の理由を探るなかで、チームの「秘密兵器」に言及している。(注4) それは、スポーツ心理学者が伝授したマインドフルネスに積極的に取り組んだことだという。アシスタント・ヘッドコーチのトム・ケーブルは同紙の取材に対し、「チームは非常にマインドフルになっている」と述べた。

この記事が執筆されたのは二〇一五年一月のことだが、シーホークスは翌二月の二〇一五年のスーパーボウルで敗退を喫した。皮肉を言うわけではないが(私はスポーツには本当に関心がない)、この敗北を受けて、興味深い現象が起きた。

知り合いや家族の間で(皆スポーツ好きで、瞑想はしないがその効果については聞き及んでいる)、集中力を高めて成功を引き寄せるという瞑想の力を、疑問視する声が上がってきたのだ。瞑想で知られるチームがスーパーボウルで負けたとなれば、マインドフルネスが「成功のツール」として有効であることを、どれほど認めてよいのだろうか。

それでも大いに有効であると、私は思っている。(まだ気づいていない人のために)ここで正直に言えば、マインドフルネスが生産性を高めるツールとして普及したことに、たしかに苦い思いを抱くようにはなった。特に、瞑想に対する目的論的な姿勢には、違和感を覚える。瞑想が特定の目的のためにつくられた「ツール」とされ、「結果」を伴うものと見なされるのが嫌なのだ。

そんな思いに駆られるうちに、数年前に完全菜食主義者（ビーガン）のいとこと交わした会話を思い出した。いとこは生物学的人類学の博士課程の学生で、動物愛護活動家でもあり、約一五年前から完全菜食を続けている。

「ダイエット目的で完全菜食主義者になるセレブが多くて、うんざりしないか」と私が尋ねると、彼は首を大きく横に振って否定し、こう言った。「正しいことをまったくやらないよりは、たとえ動機は不純でも、正しいこと（完全菜食）をしてもらいたい」

この考え方は、マインドフルネスの大流行（それを揶揄して「マックマインドフルネス」とも言われる）にも適用可能ではないだろうか。

瞑想によるさまざまなメリットを、多くの人が享受するようになれば私も嬉しい。そうなれば、熱心に瞑想していても、パチョリ（インド産の植物）の香りで大麻のにおいを覆い隠したヒッピーだと誤解されずに済むのでありがたい。

あるいは、企業が実施するマインドフルネスのプログラムによって、従業員のセルフケアが重視されるならば、それはそれでよいことだ。

セルフ・コンパッションという観点

ただし、瞑想を別の観点から論じる余地もあるはずだ。特に、仕事と瞑想の関連については他にも考えるべきことがある。

マインドフルネスを目標達成のツールと見なすと、人は「いま、この瞬間」への意識を拡張するよりも、未来志向の考え方にとらわれてしまう。もちろん、それで神経科学的な効力が損なわれるわけではない。マインドフルネス瞑想を行うと、より多くのことをこなせるようになるのは確かだ。

しかし、マインドフルネスそのものを目的としてみてはどうだろう。古くから続くこの習わしに、マーケティング的な謳い文句を加えず、ただ瞑想自体の力を体感するのだ。

心理学者のクリスティン・ネフは、「セルフ・コンパッション」(注5)(自己への慈しみ)という言葉を考案したことで知られている。その主張によれば、セルフ・コンパッションの第一の要素は「自分への優しさ」である。すなわち、ＴｏＤｏリストを全部処理できなかった時などに落ち込む気持ちを、吹き飛ばす力だ。残り二つの要素は、「普遍的な人間性への理解」、そして「マインドフルネス」だという。

セルフ・コンパッションが目指すのは、より多くをやり遂げることではない。「自分は十分に頑張っている」「自分の価値は結果によって決まるわけではない」と理解することだ。(なお、興味深いことに、ある研究結果によれば、自分を許すことによって物事を先延ばしにしなくなるという(注6))。

私は理想主義者ではない。誰もがセルフ・コンパッションに専念し、ＴｏＤｏリストを忘れ、マントラを唱えるべきだと説いているわけでもない。だが、マインドフルネスについて語る際には、慈しみ——特に自己への慈しみが、もっと強調されるべきだと言いたいのだ。たとえ企業の瞑想プログラムであっても、それは同じである。

仕事の生産性を高めたいと願うのは、もちろん恥ずべきことではない。しかし同時に、職場で何かがうまくいかない時に、少し肩の力を抜いて自分を慈しむこともまた、恥ずべきことではないのだ。

シャーロット・リーバーマン（Charlotte Lieberman）
ニューヨークを拠点とするライター、編集者。ハーバード大学で英語を専攻し、最優秀で卒業。

11

マインドフルネスを職場ぐるみで実践するリスク

デイビット・ブレンデル
David Brendel

"There Are Risks to Mindfulness at Work,"
HBR.ORG, February 11, 2015.

マインドフルネスに過度に依存してはいないか

ビジネス界では、マインドフルネスがカルト的な盛り上がりを見せている。急速に成長するあらゆるムーブメントと同様、そこには有益な効果もあるが、一言注意を促しておくのが適切と思える一面もある。

マインドフルネスは、長年にわたってエレン・ランガーやジョン・カバット・ジンなどの先駆的研究者によって推進されてきた。心を「いま、この瞬間」での経験――たとえば呼吸している時の腹筋の動きや、窓の外の鳥のさえずりなど――に集中させるための意識の方向づけであり、方法の体系である。

そのルーツは道教や仏教といった古代の東洋哲学にあるが、現代の実証研究によって、不安や精神的ストレスを軽減する効果があることが判明している。(注1) 最近の研究では、脳卒中や心臓発作のリスクを抑える可能性があるとも言われている。

マインドフルネス瞑想やそれに関連する実践は、いまや幅広い層の人々に受け入れられている。『ニュー・リパブリック』誌は、「二〇一四年はいかにしてマインドフルネスの年になった

11. There Are Risks to Mindfulness at Work

か」と題する記事を掲載した。(注2)近いところでは、CBSの人気番組「60ミニッツ」が特集を放送し、『ハフポスト』も好意的に報じた。(注3)

著名なABCニュース特派員のダン・ハリスが出版した『10% HAPPIER』(注4)は、ベストセラーになった。ハリスの不安障害は、番組放送中の発作で広く知られることになったが、この本で彼は、障害を手なずける最善の方法としてマインドフルネス瞑想に出会った自身の体験を語っている。

現在、マインドフルネスを臨床医学や心理学に適用することへの関心が高まっており、大手の保険会社も、一定の要件を満たす患者に対してマインドフルネス関連の費用を保障することを検討している。

医師でありエグゼクティブ・コーチでもある私は、マインドフルネスの手法を高く評価しており、クライアントにもすすめている。ストレス・マネジメントや燃え尽きの回避、リーダーシップ能力の向上に役立つし、ビジネス上の重要な意思決定やキャリア転換、人生の転機に直面したような時でも平常心を保つ効果があるからだ。

コーチングにおいては、東洋哲学の知恵と神経科学の研究成果を踏まえ、クライアントが呼吸法をはじめとする正しい方法を習得できるよう、セッションでも日常生活でも手助けをしている。私の助言だけで足りなければ、もっと深くヨガやマインドフルネス瞑想を学んでもらうために、信頼できる同僚を紹介することもある。

このようにマインドフルネスの知識の吸収に努め、熱心に取り組んできた私だが、これに過度に依存することには懸念も抱いている。ストレス・マネジメントやパフォーマンスの向上、仕事と生活の満足を追求するための方法なら、他にもしっかりした流儀や方法があるのに、それらを締め出しそうな勢いでマインドフルネスが広がっていることにも問題を感じる。

いまや「マインドフルネス・カルト」とでも呼びたくなる様相を目にすることもあり、適切な理解を欠いたまま過熱傾向が続くと、不幸な反発を招きかねない。以下に、マインドフルネスに対する私の懸念を二つ挙げておこう。

現実逃避のリスク

マインドフルネスに頼って、重要な問題を考えずに済ませようとする人がいる。私のクライアントのなかにも、キャリア転換や倫理的ジレンマに直面した時、現実を見つめて合理的に考えるのではなく、瞑想的マインドセットに逃げ込もうとする人がいた。問題に直面したら、考えずに済ませるのではなく、しっかり考えなくてはならない。

ストレスは、自分の置かれた状況を内省的に考えることを促すシグナルという面もあるので、呼吸などの即時的・感覚的経験に意識を集中して〝マインドフルネス的〟に回避すればよいというものではない。マインドフルネスは、あくまで健全な合理的思考のために心を整えるものであって、それに取って代わるものであってはならない。

私のクライアントの一人は熱心に瞑想を行い、マインドフルネス的に人生をあるがままに受け入れようとするあまり、自らが経営する会社で、成績不良の社員に向き合おうとしなかった(問題社員にさえ規律を求めず、解雇もしなかった)。

しばらく瞑想に親しんだ後では、タスクに焦点を合わせて考えることができずに苦労した。仏教的精神の瞑想をしているからといって、不出来な従業員に目をつぶらなくてもよい、と何度も私に言わせることで、自分を納得させようとした。

マインドフルネス瞑想は、キャリアや人生についての合理的で分析的な思考を深めるためのものであって、思考を不要にするものではないのである。

グループ思考のリスク

マインドフルネスが米国の生活に入り込むにつれて、その活用を社員に奨励する組織や企業が現れている。(注5) だが、この新たな傾向が行きすぎているケースも散見される。

一例を紹介すると、金融サービス会社のある部署のディレクターが、直属の部下たちに、週に数回、一〇~一五分のマインドフルネスのセッションに参加することを求めたケースがある。

そこでは、呼吸法とイメージ瞑想の指導が行われたが、多くの参加者がこのセッションを怖いと感じ始めた。この手のことはプライベートな領域に属すると考える社員にとって、セッションは気まずく、きわめて居心地の悪いものとなった。ストレスを減らすために始めたことが、かえってストレスを増やしてしまったのである。

この取り組みは、何人かの社員が勇気を出してリーダーのところへ行き、セッションを自由参加にして、参加しなくてもペナルティを科さないでほしいと申し出るまで何週間も続いた。

マインドフルネスが拠って立つ哲学と心理学は、自己効力感と先取り志向のセルフケアである。それをトップダウンで社員にやらせたのでは、取り組み自体の価値を損なうし、自らの意志で行っていれば有益な成果を得たはずの人を傷つけることになるだろう。

＊　＊　＊

いま米国で、さまざまな場面――とりわけビジネス界――においてマインドフルネスが際だった文化的現象になっていることを否定するつもりはない。ストレスや燃え尽き、その他、現代の職場につきものの問題に悩まされている人々にとって、それは歓迎すべき動向だ。

しかし、ストレスに対処し、効率的に考え、健全な意思決定を行い、目標を達成するための方法なら他にもある。マインドフルネスはあくまでも、数ある選択肢の一つとして採用されるべきものなのである。

繰り返しになるが、マインドフルネスは、合理的で倫理的な思考プロセスを強化するために使われるべきであって、それに制約を加えるものではなく、ましてや取って代わるものではない。また、マインドフルネスの実践は、けっして他人に押しつけてはならない。特に職場では、そのようなことは厳に慎むべきである。

マインドフルネスの核心は何かと言えば、それは不安克服やストレス・マネジメント、パフォーマンスの最適化、そしてまじり気のない幸福感と充足感を手にするために、一人ひとりに適した方法を発見することにある。この目的から逸れることがなければ、隆盛するマインドフルネスの文化は、西洋文化を大きく前進させることになるだろう。

デイビット・ブレンデル（David Brendel）
医学博士。ボストンに拠点を置くエグゼクティブ・コーチ、リーダーシップ開発専門家、精神科医。リーディング・マインド・エグゼクティブ・コーチング社を創設しディレクターを務める。また、ストラテジー・オブ・マインド社の共同設立者でもある。

Harvard Business Review
Emotional Intelligence
MINDFULNESS

12

マネジメント手法としてのマインドフルネスの歴史

ジム・ブッチャー
Jim Butcher

"Mindfulness as a Management Technique Goes Back to at Least the 1970s,"
HBR.ORG, May 02, 2018.

マネジメント手法としての歴史は一九七〇年代に遡る

マインドフルネスは今日、ビジネスに携わる人々にとって重要なスキルと見られている。瞑想を行うことで、心を落ち着かせ、身体をリラックスさせ、回復力を高められるだけでなく、状況を認識する力を向上させることさえできる。「意図的に何も判断せず注意を払うこと」と定義されるマインドフルネスは、いまや創造性と健康を追求する企業文化の一部となった。

最近登場したような印象があるが、実はそうではない。マインドフルネスが最初にビジネスの世界に影響を及ぼしたのは何十年も前のことで、シニアマネジャーが身につけるべき戦略プランニングというハードスキルと一体になっての登場であった。今日のリーダーはその過去に学び、戦略プランニングとマインドフルネスの両方を視野に入れるのが賢明である。それはなぜか。その説明をするためには、少し歴史を遡る必要がある。

一九七〇年代にロイヤル・ダッチ・シェルのグループ・プランニングのトップであったピエール・ワックは、アジアで瞑想を学び、その後パリで二〇世紀を代表する神秘思想家グルジェフから教えを受けた。エネルギー事業に携わる同僚たちとは違う目で世界を見、そのユ

12. Mindfulness as a Management Technique Goes Back to at Least the 1970s

ニークな視点から、シナリオ・プランニングと呼ばれるものを創案した。今日あらゆるセクターで戦略立案に使われている手法だ。一九八五年には二本の論文をHBRに寄稿している。(注1)

アート・クライナーは『異端者たちの時代』(注2)（未訳）で、ワックは生涯にわたって彼自身が「見る」と表現したアートの修得に努めた、と書いている。ワックにとって「見る」というのは、ただ周囲の事柄に気づいているということではなく、完全に覚醒した意識で「見通す」ことであった。そして、よい計画を立てるためには「意識の訓練」が必要だと考えた。

私は長年シナリオ・プランニングに携わるなかで、ワックにも会い、その手法を研究してきたが、彼がシェルで働き出した頃、先を見通す方法を示して幹部社員の心をつかんだという話をよく耳にした。彼が提示したシナリオの一つは、OPEC（石油輸出国機構）によって中東諸国の政府がカルテルを築き、効果を上げるというものであった。シェルはこのシナリオ・プランニングによって得た知見に基づいて戦略と行動を変更し、後に業界のリーダーとなった。

ワックはどこでそのような洞察を得たのだろうか。彼は中東のタクシー運転手から日本の庭園設計士まで、幅広いソースからアイデアを求めた。石油産業とは何のつながりもなさそうな人々も含まれていた。ワックにとって、そのような意識で世界を見ることとマインドフルネスの実践は切り離せないものだったのである。「心を静める」ことで思いもよらない情報源の扉を自然に開くことができる。彼は「意識の訓練」を行って直感を研ぎ澄まし、多様な情報源を取り入れ、社会に現れつつあるパターンを見抜こうとした。そうして得たものによって、現状の延長ではない別の未来を描き出そうと真剣に取り組んだ。

コンサルタントのジャスティン・タルボット＝ゾーンとフリーダ・イジェットが説明しているように、マインドフルネスによって事象の展開やストーリーの向こうにある世界が見えるようになり、無意識のうちに型にはまった思考に陥るという弊害を防いでくれる。個人も企業も、当然のこととして受け入れている思い込みから解放されるというわけである。

よりよい戦略決定にマインドフルネスは欠かせない

さまざまな企業でシナリオ・プランニングに取り組んだ経験から、私はマインドフルネスがもたらす「見る」という要素がシナリオ・プランニングに必要不可欠だと考えるようになった。現実を見ているようでも、自らの思考の枠にとらわれて、本当は何が起こっているのかを認識できないでいるビジネスパーソンが多いからである。

コダックではシナリオ・プランニングの前段の作業を指導したが、当時、同社はすでにデジタル化の波に襲われ、ビジネスモデルの再構築が待ったなしの状況にあった。あらゆる分野の企業がグローバル競争とテクノロジーの進化に直面し、戦略面での不意打ちに遭っている。新しいインサイトとセンスメイキングに心を開くのは、早ければ早いほどよい。

基本的に、シナリオ・プランニングとは次のことに尽きる。すなわち、優れた調査と分析によって、これから起こることについて洞察力のあるストーリーを描き出すこと、現在の動向から自社の将来を左右する重要なパターンを特定し、そこから導かれる戦略オプションを識別することである。それは今日でも重要である。企業が加速するデジタル・テクノロジーの変化（ビッグデータ、予測分析、人工知能など）に適応するには、業界の変化、新たなビジネスモデル、意思決定を行うべき状況について、注意深いプランニングを行う必要がある。

たとえば、ヘルスケア分野で私が最近関わったシナリオ・プランニングにおいて、ある先進的な病院は、将来の医療は患者主導で行われ、消費者が自らの健康データを管理するようになるという認識に至った。まさにそのシナリオがダイナミックに展開された一つの兆候が、アップルが二〇一八年初めに発表した「ヘルスケア」アプリのアップデートである。これによって患者は、複数のプロバイダが保有する自分の医療記録を一つの画面で参照できる。消費者が自分の健康データをコントロールすることを効果的にサポートするものと言える。

自動車業界の企業で行ったシナリオ・プランニングでは、マネジャーたちはガソリンエンジンで走るクルマが減っていくことを認識し、やがて到来するのは電気自動車、自律走行車、ウーバーやリフトといったライドシェアサービスなどが織りなすチャレンジングな世界だということを理解した。インテルと五年にわたって取り組んだシナリオ・プランニングは、同社に豊かな洞察と革新をもたらし、経営上層部から重要な戦略ツールであるという評価を得た。

BP（旧ブリティッシュ・ペトロリアム）の最近の報告でも、内燃機関の退潮を織り込んだシナリオが使用されている。シンガポールや米国も、同様のシナリオ・プランニングに基づいて世界経済と地球環境の現実に適応しようとしている。

よいことばかりのようだが、マインドフルネスと同様、シナリオ・プランニングも最初からうまくいくわけではない。大学教授のミーガン・ライツとマインドフルネスのエキスパートであるマイケル・チャスカルソンは、マインドフルネスを定期的に続けることでリーダーシップが顕著に改善されることを示したが、シナリオ・プランニングでも同じことが言える。

ワックの言うように、シナリオ・プランニングは継続的で反復的なプロセスである。とりあえずやってみて、来年新しいアプローチが採用されたら取り下げればよいという姿勢では意味あるものにはならない。自らのマインドセットを問い続けることでイノベーションを起こし、インサイトを獲得し、よりよい意思決定を行うことが可能になる。

マインドフルネスが向上すれば、間違いなくプラスの効果がある。ストレスをコントロールし、創造性を発揮する役に立つ。しかし、マインドフルネスはメンタルを整える手段にとどまらない。世界を把握し――何度も把握し直して――よりよい戦略決定を行おうとするリーダーが身につけるべき、大切な資質なのである。

ジム・ブッチャー（Jim Butcher）
エンテグラ・パートナーズ創設者。長年にわたるマインドフルネスの実践者。シナリオ・プランニングの分野の世界的コンサルティング企業であるグローバル・ビジネス・ネットワーク（GBN）の立ち上げに携わった。自身が創設したエンテグラ・パートナーズを通じて、洞察力に富んだ戦略立案に取り組もうとする企業やリーダーを支援している。

マインドフル・リーダーシップのすすめ

13

エレン・ランガー
Ellen Langer

"A Call for Mindful Leadership,"
HBR.ORG, April 28, 2010.

知らないということを受け入れる

「マインドフルネス」の対極である「マインドレスネス」は、どの組織にとってもマイナスである。それはリーダーシップに関する疑わしい前提を生んできた。具体的には、①リーダーは信頼に足る特別な能力と知識（一般に「リーダーシップ・コンピテンシー」と呼ばれるもの）を持っている、②人々は目標を達成するために、リーダーに率いられる必要がある、という前提だ。

マインドフルネスとは、新しい物事に気づくという単純な行為を指す。(注1) もしこれを組織が実践しているなら、リーダーシップはまったく違ったものになるはずだ。自身がマインドフルであるよう努めるだけでなく、部下がマインドフルになれるよう後押しすることが、リーダーの最も重要な役割となる。ますます複雑さを増すこの世界――一つの仕事が部門の枠を超えて波及する環境――では、「マインドフルネスの拡散」こそがリーダーの唯一の役割であるとさえ言えるかもしれない。

私たちは気づくという行為によって、物事の背景に対して敏感になり、変化と不確実性を感じ取るようになる。反対にマインドレスな状態では、認識を一定に保とうとする。そして思考が固定化しているだけなのに、物事が安定しているものと勘違いしやすくなる。その状態を保とうとしてもかまわないが、それでも物事は変化しているのだ。

自分たちのリーダーをどれほどビジョナリーであると信じても、彼らが他の誰か以上に将来を予測できるということはない。もし状況が不変であるならば（当然そうではないが）、起こりうる物事をたいていの場合は予測できるだろう。しかし、私たちにとって肝心な「個々の出来事」を予知することはできない。

誰かがXという行為をしたら、ほとんどの場合、Yという結果が生じるとしても、次回あなたがX＝Yとなる保証はない。あなたはメルセデスを優れた自動車メーカーと信じていることだろう。とはいえ、メルセデス車をどれか一台選び、エンジンが絶対に一発でかかる、という賭けに全財産をつぎ込めるだろうか。

権力を持つ職位にある者は、知らないことに関しては口をつぐんでいることが多い。リーダーは「知らない」という個人的な属性について、「私は知らないが、知ることはできるし、知らなければならない」という防御的な姿勢で認識するべきではない。不確実性というものの普遍的な本質、つまり「私はそれを知らないが、あなたも知らない。なぜならそれは知ることができないものだから」ということを示す必要があるのだ。

この普遍的な限界を受け入れれば、何もかも知っているかのように振る舞うことに気を取られず、目の前の問題に取り組めるようになる。「いま、この瞬間」に目を向けることで、いま、何を知る必要があるのかを学ぶことができる。

リーダーはすべてを知ることはできない。それでよいのだ。

マインドフルであることのメリット

部下への認識について考えてみよう。マインドレスな状態では、部下の態度や行動に対する思い込みが生まれる。しかしマインドフルネスによって相手の立場を理解すれば、一方的な判断を防ぐことができる。ひとたび相手を「頑固」だと決めつければ避けたくなるが、相手の立場になってみれば「頼りがいがある」とわかり、ありがたく思えるはずだ。

あらゆる判断は、このような方法で反転できる（衝動的／自然体、厳格／真面目、迎合／全員の協調を重んじる、など）。これを実践していると、人に対して固定的な判断をしなくなる（誰にでも良い部分と悪い部分がある）。リーダーはすべてを知っているという誤った優越感から自由になれば、これまで早計な判断によって否定的に見ていた者たちのなかから、解決策を提示してくれる人材と能力を見出すことができるだろう。

部下への認識がどうであれ、最も重要なことがある。もし部下がマインドフルであれば、「部下は率いられる必要がある」という前提に立って彼らを率いる必要はなくなるということだ。マインドフルな部下たちは、状況が何を必要としているかを見極め、驚くほど優れたパフォーマンスを見せてくれるはずだ。

私がティモシー・ラッセルおよびノア・アイゼンクラフトと共同で行った実験(注2)では、複数の交響楽団に、マインドレスもしくはマインドフルな状態で演奏するよう指示を与えた。

ここで言うマインドレスな演奏とは、過去の自分たちの演奏で最もよかったパフォーマンスを再現してもらうことだ。マインドフルな演奏とは、各自の演奏に、本人にしかわからないほど微妙な変化を新たに加えてもらうというものだ（彼らが演奏するのはジャズではないので、変化といってもごくわずかな違いとなる）。

それぞれの演奏を録音し、実験内容を知らない聴衆に聴かせると、マインドフルな演奏のほうが圧倒的に支持された。さらに、演奏者たち自身もマインドフルに演奏するほうを強く好んだ。各自がマインドフルな状態で仕事をした結果、集団の成果が向上したのである。

私は四〇年近くにわたる研究を通して、マインドフルネスの強化が、次のようなメリットをもたらすことを発見してきた。

カリスマ性が増し、生産性が向上する。疲労で燃え尽きることや事故を起こすことが減る。創造性、記憶力、注意力、ポジティブな影響力、健康が増進され、寿命さえ延びる。チャンスが訪れた時に、それをうまく活かせるようになり、事前に危機を回避しやすくなる。

これらはリーダーにも部下にも共通するメリットだ。

＊　＊　＊

部下が物事をうまく運ぶには背景を知る必要がある。だから、リーダーは情報を秘匿してはならない。リーダーが全知全能であり、特権的な情報を握っているという幻想を維持すれば、部下を従わせ、優越感を持つことができるだろう。しかしその代償として、皆がレミング（かつて集団自殺をすると言われていたタビネズミ）と化すのだ。

リーダーのマインドレスネスは、部下のマインドレスネスを促進し、幸福と健康を阻害する。それは結局、リーダーと部下、そして組織にとってマイナスとなる。

全社員がマインドフルである組織を思い描くのは心地よいが、もし可能だとしても実現には時間がかかる。必要なのは、周囲にマインドフルネスを広めることを重要な（あるいは唯一の）役割とするリーダーだ。不確実性をうまく利用する方法を学べば、誰もが目を覚ますことだろう。

エレン・ランガー（Ellen Langer）
ハーバード大学心理学部教授。ランガー・マインドフルネス・インスティテュート創設者。著書に『心の「とらわれ」にサヨナラする心理学』（PHP研究所）、『ハーバード大学教授が語る「老い」に負けない生き方』（アスペクト）などがあり、二〇〇を超える論文を執筆。「マインドフルネスの母」と称えられる。

14

「マインドフルネスの母」からの教え

エレン・ランガー
Ellen Langer

"Mindfulness Isn't Much Harder than Mindlessness,"
HBR.ORG, January 13, 2016.

先入観をなくす気づきのプロセス

私は、一九七〇年代初頭からマインドフルネスを研究している。私たちの研究機関ランガー・マインドフルネス・インスティテュートでもその他の研究室でも、毎年のように新しい発見が生まれており、人々の健康や幸福、パフォーマンスにおいて、マインドフルネスがいかに重要な要因であるかが示されている。

人は何をする場合でも、それを「マインドフル」か「マインドレス」か、どちらかの状態で行う。このことは、マインドフルネスが心身の健康を左右する最も重要な要因となりうることを示唆している。

たとえば、ジムに行くのをサボる、ドーナツを食べる、あるいは仕事を完遂できない、という時にはそれなりの理由があり、理解できる。しかし「マインドレスであることを選ぶ」のは、理解し難いことなのだ。

問題は、マインドフルネスとは何か、どうすればそれを達成できるかについて、多くの人が誤解しているということである。一部の人は、「大変な努力を費やして考えること」がマインドフルネスであり、それがストレスになると思い込んでいる。

しかし、考えることが負担となるのは、「自分が正しい答えにたどり着けないのではないか」と恐れている時だけである。ストレスは出来事から生ずるのではなく、出来事に対する私たちの見方によって生ずるのだ。

マインドレスな状態では、何かの事象が「きっと起きるはずであり、それが起きたらひどいことになる」とただ思い込み、それがストレスにつながる。

反対に、マインドフルになるとは、その事象が「そもそも起こりえない可能性さえあり、たとえ起きたとしても実際には有益かもしれない」ことを示す、新たな理由を探すことだ。そうすると、ストレスは消えてなくなる。

また、マインドフルネスと瞑想を混同している人も多い。瞑想はマインドフルネスを達成するための手段として使えるが、訓練が必要であり、難しいと感じる人もいる。(注1)

私や同僚たちの研究では、マインドフルネスは瞑想を必ずしも必要としない。それは「新しい物事に気づく」という、ごく単純なプロセスである。それによって私たちは「いま、この瞬間」に集中でき、文脈と状況に対して鋭敏になれる。マインドフルネスは、エンゲージメント

（対象への関与・従事）の本質なのだ。

「気づき」のプロセスは、自分にとって未知と思える物事に接した時に自然と生じる。それはエネルギーを消耗するのではなく、むしろエネルギーを生み出してくれる。

たとえば、初めてパリに旅行する場合を考えてみよう。すべてが新鮮でワクワクするため、可能な限りたくさんの物事に気づこうと積極的になるだろう。休暇旅行を楽しむその体験は、困難ではないし避けるべきものでもない。

問題なのは、自分がすでに知っていると思い込んでいる物事に接する場合である。それは、対象に注意を払う必要がないと頭から決めつけてかかる、マインドレスな状態に陥ってしまうからだ。

たとえば「1＋1＝」というテーマについて、答えが「2」であるのは自明のため、ほとんどの人はそこで話を打ち切ってしまう。しかし、何事も常に変化しており、視点を変えれば違って見える、ということを理解していればどうだろう。このテーマにも注意を払い、一つの雪塊を別の雪塊にくっつけるような場合には、1＋1＝1にもなる、ということに気づくことができる。

多大な努力もストレスもない

私たちが何年も前に行ったある研究では、被験者に何を嫌いだと感じるか尋ね、それに関連するタスクに従事してもらった。音楽であればラップが嫌いな人はラップを、クラシックが嫌いな人はクラシックを聴いた。サッカーは退屈だという人はサッカーを視聴し、美術に何の関心もないという人は絵を鑑賞した。

どのケースも、タスクをマインドレスに行う人々と、マインドフルに行う人々に分けた。マインドレスのグループは、そのタスクをただやるだけだ。もう一方のグループには、それぞれのタスクにおいて一つ、三つ、または六つの新しいことを見つけてもらうようにした。

すると結果は明白だった。より注意を払って新たな気づきを多く得た人ほど、対象を好きになったのである。

私たちの他の研究では、次のような結果も示されている。人はマインドフルになると、より生産的(注2)で創造的になる。そして他者からより魅力的に見られる(注3)（マインドフルな状態の二人が会話をすると、そうでない場合よりも互いに好印象を抱き会話を楽しんだ）。さらに、仕事の成果がより優れていると他者から認識される[注4]（交響楽団がマインドフルな状態で演奏すると、そうでない場合よりも聴衆に高評価された）。

また、マインドレスなままでは気づけないチャンスをとらえることができ、まだ顕在化していない危険を避けることもできる。加えて、マインドフルネスは健康と寿命に良い影響を及ぼすことも明らかだ。[注5]ここまで挙げれば、マインドレスであることを選ぶ理由を見つけるほうが難しい。

マインドフルになれば、他者から自分を偽らず信頼できる人物だと見なされ、[注6]それが職場でも家庭でも人間関係に好影響をもたらす。そして、何事も同じ状態であり続けることなどないと理解できる。すると、他者（および自分自身）を、ネガティブにとらえたり、当人の属性（資質、能力、感情といった内的要因）に基づいて判断したりする傾向が減り、外部の状況に即して見るようになる。

もちろん、このことも人間関係にはプラスとなる。「彼のあの行動はいつも人を苛立たせる」というように感じることがなくなるからだ。自他の行動をマインドフルな目で見ると、ネガティブな特徴はどれも、同じ程度に影響力を持つ正反対の面を併せ持っていることに気づく。

たとえば、彼のその行動は頑固とも言えるが、首尾一貫しているとも言える。あるいは、一貫性がない／柔軟、衝動的／自然体、だまされやすい／人を信頼するタイプ、というように両面から考えられる。そうなれば、決めつけをあまりしない、端的に言えば「いい人」になれる。つまり、マインドフルネスは多大な努力を必要とせず、ストレスにもならない。マインドフルになるための方法はいくつもある。そして個人的規範として取り入れれば、より健康的で幸福になれる。

これらが理解されれば、それ以上言葉を尽くして説得する必要はなくなるだろう。

エレン・ランガー（Ellen Langer）
ハーバード大学心理学部教授。ランガー・マインドフルネス・インスティテュート創設者。著書に『心の「とらわれ」にサヨナラする心理学』（ＰＨＰ研究所）、『ハーバード大学教授が語る「老い」に負けない生き方』（アスペクト）などがあり、二〇〇を超える論文を執筆。「マインドフルネスの母」と称えられる。

14.「マインドフルネスの母」からの教え

1) Karen Kissel Wegela, "How to Practice Mindfulness Meditation," *Psychology Today*, January 19, 2010.

2) Amanda Ie, Chiara S. Haller, Ellen J. Langer and Delphine S. Courvoisier,"Mindful multitasking: The relationship between mindful flexibility and media multitasking," *Computers in Human Behavior*, Volume 28, Issue 4, July 2012, Pages 1526-1532.

3) Alan S. Haas and Ellen J. Langer, "Mindful Attraction and Synchronization: Mindfulness and Regulation of Interpersonal Synchronicity," *Neuro Quantology*, March 2014, Volume 12, Issue 1, Page 21-34.

4) Ellen Langer, Timothy Russel and Noah Eisenkraft, "Orchestral performance and the footprint of mindfulness," *Psychology of Music*, April 2009: 37(2):125-136.

5) Ellen Langer, *Counterclockwise: Mindful Health and the Power of Possibility*, Ballantine Books, 2009.（邦訳『ハーバード大学教授が語る「老い」に負けない生き方』アスペクト、2011年）

6) Christine Kawakami, Judith B. White and Ellen J. Langer, "Mindful and Masculine: Freeing Women Leaders From the Constraints of Gender Roles," *Journal of Social Issues*, Volume56, Issue 1, Spring 2000, Pages 49-63.

10. マインドフルネスは目標達成のお役立ちツールではない

1） A. D. DeSantis and A. C. Hane, “ ‘Adderall Is Definitely Not a Drug’: Justifi cations for the Illegal Use of ADHD Stimulants,” *Substance Use and Misuse* 45, no. 1-2 (2010): 31-46.

2） D. M. Levy et al., “The Effects of Mindfulness Meditation Training on Multitasking in a High-Stress Information Environment,” Graphics Interface Conference, 2012.

3） David Gelles, *Mindful Work: How Meditation Is Changing Business from the Inside Out*, Eamon Dolan Books, 2011.（邦訳『マインドフル・ワーク「瞑想の脳科学」があなたの働き方を変える』NHK出版、2015年）

4） Matthew Futterman, "The Shrink on the Seattle Seahawks' Sideline," *The Wall Street Journal*, January 27, 2015.

5） Kristin Neff, *Self-Compassion*, Harper Collins, 2011.（邦訳『セルフ・コンパッション』金剛出版、2014年）

6） M. J. A. Wohl et al., “I Forgive Myself, Now I Can Study: How Self-Forgiveness for Procrastinating Can Reduce Future Procrastination,” *Personality and Individual Differences* 48 (2010): 803-808.

11. マインドフルネスを職場ぐるみで実践するリスク

1） J. Corliss, “Mindfulness Meditation May Ease Anxiety, Mental Stress,” *Harvard Health Blog*, January 8, 2014.

2） Alice Robb, "How 2014 Became the Year of Mindfulness," *The New Republic*, January 1, 2015.

3） A. Huffi ngton, “Mindfulness, Meditation, Wellness and Their Connection to Corporate America's Bottom Line,” *Huffington Post*, March 18, 2013.

4） Dan Harris, *10%HAPPIER*, It Books, 2014.（邦訳『10%HAPPIER』大和書房、2015年）

5） M. Baime, “This Is Your Brain on Mindfulness,” Shambhala Sun, July 2011, 44-84; and “Relaxation Techniques: Breath Control Helps Quell Errant Stress Response,” *Harvard Health Publications*, January 2015.

12. マネジメント手法としてのマインドフルネスの歴史

1） Pierre Wack, “Scenarios: Uncharted Waters Ahead,” *Harvard Business Review*, September 1985 and Pierre Wack, “Scenarios: Shooting the Rapids,” *Harvard Business Review*, November 1985 .

2） Art Kleiner, The Age of Heretics, Jossey-Bass, 2008.

13. マインドフル・リーダーシップのすすめ

1） Ellen Langer, *Mindfulness*, Perseus Books Group, 1989.（邦訳『心はマインド…：“やわらかく”生きるために』フォー・ユー、1989年）

2） Ellen Langer, Timothy Russel and Noah Eisenkraft, "Orchestral performance and the footprint of mindfulness," *Psychology of Music*, April 2009: 37(2):125-136.

7. 朝起きて、通勤、会議前……すきま時間の活用法

1） S. Bradt, “Wandering Mind Not a Happy Mind,” *Harvard Gazette*, November 11, 2010.
2） J. C. Pruessner et al., “Free Cortisol Levels After Awakening: A Reliable Biological Marker for the Assessment of Adrenocortical Activity,” *Life Sciences* 61, no. 26 (Novem-ber 1997): 2539-2549.

8. 休息と瞑想が、集中力を高める

1） Daniel Goleman, "The Focused Leader," *Harvard Business Review*, December 2013.（邦訳「リーダーは集中力を操る」『DIAMONDハーバード・ビジネス・レビュー』2014年05月号）.

9. たった一〇分間の瞑想で、創造力が高まる

1） Darren J. Good, Christopher J. Lyddy and Theresa M. Glomb, "Contemplating Mindfulness at Work: An Integrative Review," *Journal of Management*, November 19, 2015.
2） Bassam Khoury, Manoj Sharma, Sarah E Rush and Claude Fournier, "Mindfulness-Based Stress Reduction for Healthy Individuals: A Meta-Analysis," *Journal of Psychosomatic Research*, March 2015.
3） Lizabeth Roemer, Sarah Krill Williston and Laura Grace Rollins,"Mindfulness and emotion regulation," *Current Opinion in Psychology*, Volume 3, June 2015, Pages 52-57.
4） Roche, M., Haar, J. M., and Luthans, F., “The role of mindfulness and psychological capital on the well-being of leaders,” *Journal of Occupational Health Psychology*, October 2014, 19(4), 476-489.
5） Rasmus Hougaard, Jacqueline Carter, and Gitte Dybkjaer, "Spending 10 Minutes a Day on Mindfulness Subtly Changes the Way You React to Everything," HBR.ORG, January 18, 2017.
6） Dr. Danny Penman, *Mindfulness for Creativity: Adapt, create and thrive in a frantic world*, Piatkus Books, 2018.
7） Lorenza S. Colzato, Ayca Ozturk, and Bernhard Hommel, "Meditate to Create: The Impact of Focused-Attention and Open-Monitoring Training on Convergent and Divergent Thinking," *Frontiers in Psychology*. April 18, 2012.
8） Yi-Yuan Tang, Yinghua Ma, Junhong Wang, Yaxin Fan, Shigang Feng, Qilin Lu, Qingbao Yu, Danni Sui, Mary K. Rothbart, Ming Fan, and Michael I. Posner, "Short-term meditation training improves attention and self-regulation," *PNAS*, October 23, 2007.
9） Roche, M., Haar, J. M., and Luthans, F., “The role of mindfulness and psychological capital on the well-being of leaders,” *Journal of Occupational Health Psychology*, October 2014:19(4), 476-489.
10） Lorenza S. Colzato, Ayca Szapora, Dominique Lippelt and Bernhard Hommel, "Prior Meditation Practice Modulates Performance and Strategy Use in Convergent- and Divergent-Thinking Problems," *Mindfulness*, February 2017, Volume 8, Issue 1, pp 10-1.

3. グーグル、ゴールドマン・サックスはなぜマインドフルネスに取り組むのか

1） Chade-Meng Tan, *Search Inside Yourself: The Unexpected Path to Achieving Success, Happiness (and World Peace)*, HarperOne, 2012.（邦訳『サーチ・インサイド・ユアセルフ』英治出版、2016年）
2） "100 Best Companies to Work For," *Fortune*, 2014.
3） Daniel Goleman, Focus: The Hidden Driver of Excellence.（邦訳『フォーカス』Kindle版、日本経済新聞出版社、2015年）
4） Daniel Goleman, "The Focused Leader," *Harvard Business Review*, December 2013.（邦訳「リーダーは集中力を操る」『DIAMONDハーバード・ビジネス・レビュー』2014年05月号）.

4. いまマインドフルネスが注目される理由

1） Daniel Goleman, "The Focused Leader," *Harvard Business Review*, December 2013.（邦訳「リーダーは集中力を操る」『DIAMONDハーバード・ビジネス・レビュー』2014年05月号）.

5. マインドフルネスは四つの確かな成果をもたらす

1） Daniel Goleman and Matthew Lippincott, "Without Emotional Intelligence, Mindfulness Doesn't Work," HBR.ORG, September 08, 2017.
2） Daniel Goleman and Richard J. Davidson, *Altered Traits: Science Reveals How Meditation Changes Your Mind, Brain, and Body*, Avery, 2017.（邦訳『心と体をゆたかにするマインドエクササイズの証明』パンローリング、2018年）
3） Thomas E. Gormana, and C. Shawn Green, "Short-term mindfulness intervention reduces the negative attentional effects associated with heavy media multitasking," *Scientific Reports*, 2016 Apr 18.
4） Véronique A.Taylor, Joshua Grant, Véronique Daneaul, Geneviève Scavone, Estelle Breton, Sébastien Roffe-Vidal, Jérôme Courtemanche, Anaïs S.Lavarenne and Mario Beauregard, "Impact of mindfulness on the neural responses to emotional pictures in experienced and beginner meditators," *Neuro Image*, Volume 57, Issue 4, 15 August 2011 ,Pages 1524-1533.
5） Mrazek, M. D., Smallwood, J., and Schooler, J. W., "Mindfulness and mind-wandering: Finding convergence through opposing constructs," *Emotion*, February 2012, 12(3): 442-448.
6） Olga M. Klimecki, Susanne Leiberg, Matthieu Ricard and Tania Singer, "Differential pattern of functional brain plasticity after compassion and empathy training," *Social Cognitive and Affective Neuroscience*, Volume 9, Issue 6, 1 June 2014, Pages 873-879.
7） Ashar YK, Andrews-Hanna JR, Yarkoni T, Sills J, Halifax J, Dimidjian S and Wager TD, "Effects of compassion meditation on a psychological model of charitable donation," *Emotion*., August 2016, 16(5):691-705.
8） Paul Condon, Gaelle Desbordes, Willa B Miller and David Desteno, "Meditation Increases Compassionate Response to Suffering," *Psychological Science*, August 2013, 24(10).

注

1. マインドフルネスはEIを向上させる

1） Matthew Lippincott, "Deconstructing the relationship between mindfulness and leader effectiveness", *Leadership & Organization Development Journal*, Vol. 39 Issue: 5, pp.650-664.

2） Daniel Goleman and Richard E. Boyatzis, "Emotional Intelligence Has 12 Elements. Which Do You Need to Work On?," HBR.ORG, February 6, 2017.（邦訳「優れたリーダーは備えている心の知能（EI）12の特性」DHBR.net,2017年3月8日）

2. マインドフルネスには科学の裏づけがある

1） S. N. Banhoo, "How Meditation May Change the Brain," *New York Times*, January 28, 2011.

2） B. K. Hölzel et al., "Mindfulness Practice Leads to Increases in Regional Brain Gray Matter Density," *Psychiatry Research* 191, no. 1 (January 30, 2011): 36-43.

3） K. C. Fox et al., "Is Meditation Associated with Altered Brain Structure? A Systematic Review and Meta-Analysis of Morphometric Neuroimaging in Meditation Prac ti tion-ers," *Neuroscience and Biobehavioral Reviews* 43 (June 2014): 48-73.

4） M. Posner et al., "The Anterior Cingulate Gyrus and the Mechanism of Self-Regulation," *Cognitive, Affective, & Behavioral Neuroscience* 7, no. 4 (December 2007): 391-395.

5） O. Devinsky et al., "Contributions of Anterior Cingulate Cortex to Behavior," *Brain* 118, part 1 (February 1995): 279-306; and A. M. Hogan et al., "Impact of Frontal White Matter Lesions on Performance Monitoring: ERP Evidence for Cortical Disconnection," *Brain* 129, part 8 (August 2006): 2177-2188.

6） P. A. van den Hurk et al. , "Greater Effi ciency in Attentional Processing Related to Mindfulness Meditation," *Quarterly Journal of Experimental Psychology* 63, no. 6 (June 2010): 1168-1180.

7） B. K. Hölzel et al., "Differential Engagement of Anterior Cingulate and Adjacent Medial Frontal Cortex in Adept Meditators and Non-meditators," *Neuroscience Letters* 421, no. 1 (June 21): 16-21.

8） S. W. Kennerley et al., "Optimal Decision Making and the Anterior Cingulate Cortex," *Nature Neuroscience* 9 (June 18, 2006): 940-947.

9） B. S. McEwen and P. J. Gianaros. "Stress- and Allostasis-Induced Brain Plasticity," *Annual Review of Medicine* 62 (February 2011): 431-445.

10） Y. I. Sheline, "Neuroimaging Studies of Mood Dis order Effects on the Brain." *Biological Psychiatry* 54, no. 3 (August 1, 2003): 338-352; and T. V. Gurvits et al., "Magnetic Resonance Imaging Study of Hippocampal Volume in Chronic, Combat-Related Posttraumatic Stress Dis order," *Biological Psychiatry* 40, no. 11 (December 1, 1996): 1091-1099.

『Harvard Business Review』（HBR）とは

ハーバード・ビジネス・スクールの教育理念に基づいて、1922年、同校の機関誌として創刊された世界最古のマネジメント誌。米国内では29万人のエグゼクティブに購読され、日本、ドイツ、イタリア、BRICs諸国、南米主要国など、世界60万人のビジネスリーダーやプロフェッショナルに愛読されている。

『DIAMONDハーバード・ビジネス・レビュー』（DHBR）とは

HBR誌の日本語版として、米国以外では世界で最も早く、1976年に創刊。「社会を変えようとする意志を持ったリーダーのための雑誌」として、毎号HBR論文と日本オリジナルの記事を組み合わせ、時宜に合ったテーマを特集として掲載。多くの経営者やコンサルタント、若手リーダー層から支持され、また企業の管理職研修や企業内大学、ビジネススクールの教材としても利用されている。

三宅 陽一郎（みやけ・よういちろう）

日本デジタルゲーム学会理事、「人工知能のための哲学塾」主催。ゲームAI開発者。京都大学で数学を専攻、大阪大学（物理学修士）、東京大学工学系研究科博士課程（単位取得満期退学）。2004年よりデジタルゲームにおける人工知能の開発・研究に従事。東京大学客員研究員、理化学研究所客員研究員、IGDA日本ゲームAI専門部会設立（チェア）、DiGRA JAPAN 理事、芸術科学会理事、人工知能学会編集委員。著書に『人工知能のための哲学塾』『人工知能のための哲学塾 東洋哲学篇』（ビー・エヌ・エヌ新社）、『人工知能の作り方』（技術評論社）、『なぜ人工知能は人と会話ができるのか』（マイナビ出版）、『と』（iCardbook）。共著に『絵でわかる人工知能』（SBクリエイティブ）、『高校生のための ゲームで考える人工知能』（筑摩書房）などがある。

ハーバード・ビジネス・レビュー［EIシリーズ］
マインドフルネス

2019年２月６日　第１刷発行

編　者――ハーバード・ビジネス・レビュー編集部
訳　者――DIAMONDハーバード・ビジネス・レビュー編集部
発行所――ダイヤモンド社
〒150-8409　東京都渋谷区神宮前6-12-17
http://www.diamond.co.jp/
電話／03･5778･7228（編集）　03･5778･7240（販売）

ブックデザイン――コバヤシタケシ
製作進行――ダイヤモンド・グラフィック社
印刷――――勇進印刷（本文）・加藤文明社（カバー）
製本――――ブックアート
編集担当――前澤ひろみ

ISBN 978-4-478-10495-8